Pusteblume

Das Sachbuch 3

Sachsen

Neubearbeitung

Erarbeitet von
Gerlind Alius, Bautzen
Steffen Lamm, Dresden
Julia Luft, Chemnitz
Regina Weber, Chemnitz
Simona Winkler, Chemnitz
u. a.

Beratung
Anett Gleß, Hohenstein-Ernstthal

Schroedel
westermann

Inhalt

Phänomene der unbelebten Natur

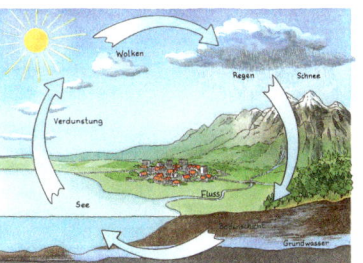

Raum und Zeit

Computerlehrgang

○ Wahlpflicht

■ Festigung und Vernetzung

Zusammen leben und lernen

In anderen Ländern gibt es viel Neues zu entdecken. Manches erscheint dir nicht fremd. Versuche es zu erklären.

Oft lernen und spielen Kinder aus verschiedenen Ländern gemeinsam an einer Schule. Aus welchen Ländern kommen die Kinder in eurer Schule?

In diesem Kapitel lernst du folgende Methoden kennen:
- eine Sammlung in Form einer Länderkiste gestalten,
- zu einem Stichwort im Internet recherchieren,
- ein „Länderfest" planen.

Kulturen treffen aufeinander

Jedes Jahr findet ein Wettkampf für Fußballmannschaften der Grundschulen statt. Diesmal gewann den Pokal das Team der Sternschule. In dieser Schule lernen auch viele Kinder aus anderen Ländern. Einige von ihnen kämpften mit um den Fußballpokal.

> Hallo, ich heiße Maria! Ich spiele als Außenstürmerin.

„Ich bin Deutsche und verstehe mich mit den anderen der Mannschaft gut. Keiner ärgert mich, obwohl ich fast das einzige Mädchen in der Mannschaft bin. Wir alle hatten ein gemeinsames Ziel und wollten den Pokal."

> Mein Name ist Halil! In der Mannschaft spiele ich in der Abwehr.

„Seit meinem zweiten Lebensjahr lebe ich mit meinen Eltern in Deutschland. Geboren wurde ich in der Türkei. Im Sommer besuchen wir oft unsere türkischen Verwandten. Einmal in der Woche gehe ich in die Moschee zum Religionsunterricht."

> Ich bin Sascha! Beim Fußball spiele ich als Mittelstürmer.

„In der Schule spreche ich Deutsch und zu Hause mit meinen Eltern Russisch. Ich bin in Deutschland geboren und lebe hier gern. In den Weihnachtsferien fliegen wir manchmal zu meinem Onkel nach Russland. Dann kommt der Weihnachtsmann zweimal zu mir: am 24. Dezember und 1. Januar."

> … und ich bin Etoro! Ich stehe für unser Team als Torwart im Tor.

„Ich bin in Haiti geboren. Das ist ein Land in Mittelamerika. Meine Familie lebt aufgrund eines schweren Erdbebens nicht mehr. Eine deutsche Familie hat mich adoptiert. Bei ihr fühle ich mich wohl. Ich finde die Schule prima. In Haiti hätte ich nicht so viel lernen können."

1 Vergleiche die Aussagen der Kinder mit dir.

2 Finde fremdländische Sportler, die für deutsche Vereine an den Start gehen.

■ Länderkästen, Seite 10/11
■ Wir feiern ein Länderfest, Seite 13/14
▶ Arbeitsheft: Seite 2
○ Lernsoftware: Nr. 85

Wo Menschen zusammen leben, entstehen viele Gemeinsamkeiten: So sprechen sie die gleiche Sprache, tragen eine ähnliche Kleidung und pflegen gemeinsame Bräuche. Damit entwickelt sich auch eine eigene Musik, Literatur und Kunst.
All das zusammen gehört zur Kultur eines Landes.

3 Nenne, was zur Kultur eines Landes gehört.

4 Forscht nach, aus welchen verschiedenen Ländern, die oben abgebildeten Dinge stammen.

5 Findet weitere Beispiele.

Übrigens

Kennst du den Namen dieser Pizza?

Vor etwa 150 Jahren erfand ein Bäcker in der italienischen Stadt Neapel eine Pizza, die mittlerweile auf der ganzen Welt bekannt ist. Er widmete sie der damaligen Königin Margherita.
Die Pizza wird mit Zutaten in den italienischen Nationalfarben belegt: grünes Basilikum, weißer Mozzarella und rote Tomaten.

Länder in Europa

Europäische Union

ISLAND
Reykjavik

NORWEGEN
Oslo

SCHWEDEN
Stockholm

FINNLAND
Helsinki

RUSSLAND
Moskau

Tallinn
ESTLAND

LETT-
LAND
Riga

LITAUEN
Vilnius
zu RUSSL.
Minsk
WEISS-
RUSSLAND

Atlantischer Ozean

Nordsee

DÄNEMARK
Kopenhagen

Ostsee

Dublin
IRLAND

GROSS-
BRITANNIEN
London

Amsterdam
NIEDERLANDE
Brüssel
BELGIEN

Berlin
DEUTSCHLAND

Warschau
POLEN

Kiew
UKRAINE

LUXEM-
BURG
Paris

FRANKREICH

Bern
SCHWEIZ

LIECH.
ÖSTERREICH
Wien

Prag
TSCHECHIEN

SLOWAKEI
Bratislava

Budapest

UNGARN

MOLDAU
Chisinău

RUMÄNIEN
Bukarest

SLOWENIEN
Ljubljana
KROATIEN
Zagreb

BOSNIEN-H.
Sarajevo
SERBIEN
Belgrad

BULGARIEN
Sofia

Schwarzes Meer

ANDORRA
MONACO

SAN MARINO

ITALIEN

KOSOVO
Priština
MONTENEGRO
Podgorica
Skopje
MAZEDONIEN
Tirana
ALBANIEN

PORTUGAL
Lissabon

Madrid
SPANIEN

VATIKAN-
STADT
Rom

GRIECHEN-
LAND
Athen

Ankara
TÜRKEI

Nikosia
ZYPERN

Mittelmeer

Algier

Tunis

MALTA

MAROKKO

TUNESIEN

Tripolis

Kairo

ALGERIEN

LIBYEN

ÄGYPTEN

⭐ Mitgliedstaat der Europäischen Union   ⭐ Mitgliedstaat der Europäischen Union bis 2017 (Austritt 2017/2019)   — Staatsgrenze   ● Hauptstadt   0   500 km

F_46082_008_01_2

■ Länderkisten, Seite 10/11

▶ Arbeitsheft: Seite 3
○ Lernsoftware: Nr. 113, 114 und 115

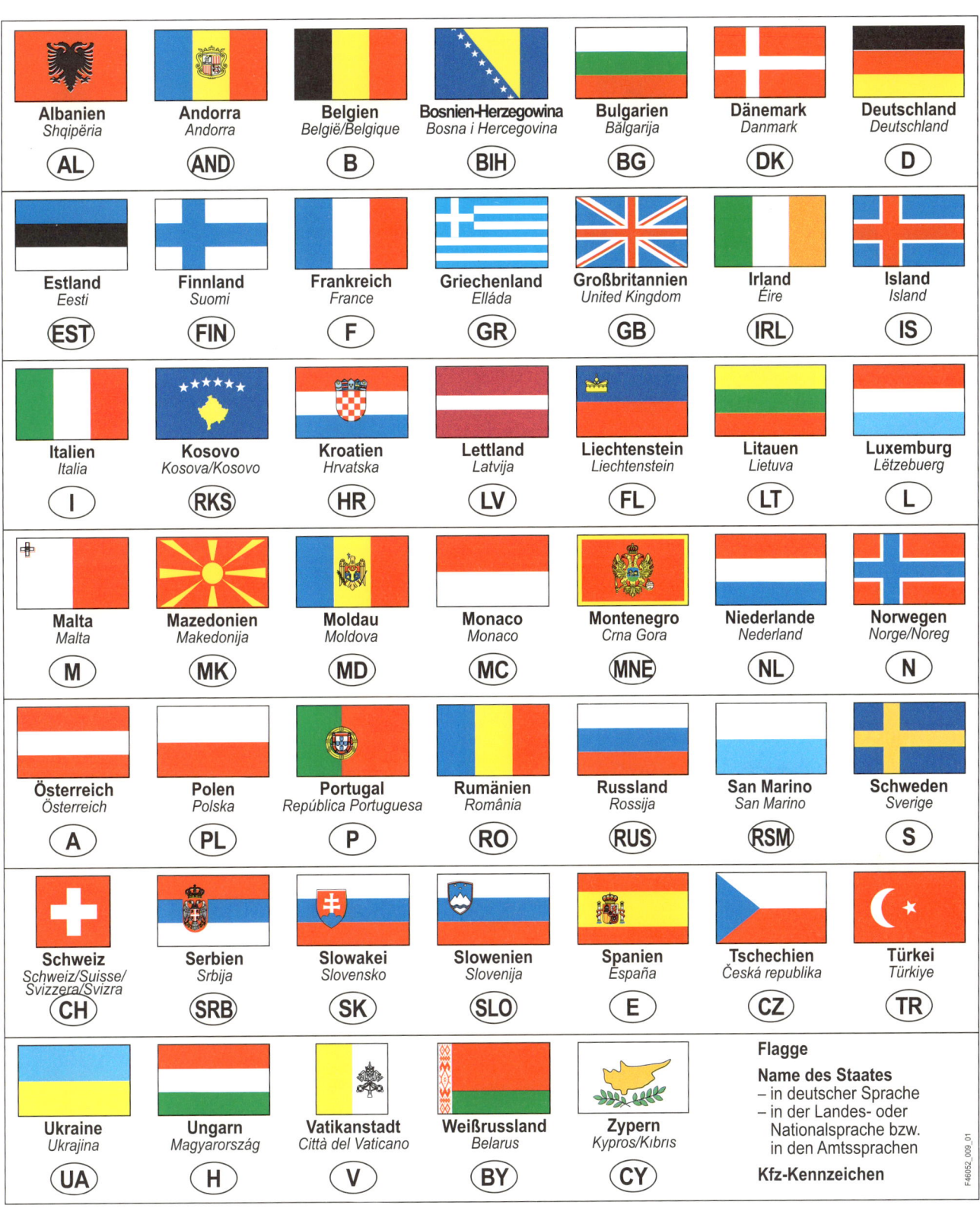

Deutschland ist ein Land in Europa. Jedes Land hat eine Flagge und ein Länderkennzeichen. Bei großen Sportveranstaltungen wehen an hohen Masten die Flaggen der teilnehmenden Länder. An Autos kann man oft das Länderkennzeichen entdecken.

1 Führt ein Quiz durch.
Stellt gegenseitig Fragen. Zum Beispiel: Wie heißt die Hauptstadt des Landes mit dem Länderkennzeichen FIN? Wer die richtige Antwort weiß, stellt die nächste Frage.

Länderkisten

Die Kinder der dritten Klassen wollen mehr über die Länder Europas kennen lernen.
Jedes Kind darf ein Land den anderen näher vorstellen.
Laura und Lucas haben sich für das Land Dänemark entschieden. Dort waren sie oft mit ihren Eltern in den Ferien.
In einer Länderkiste stellen sie Wissenswertes über Land und Leute zusammen.

1 Betrachte die Länderkiste der beiden Kinder. Worüber informieren sie?

Ihrer Länderkiste haben die Kinder ein Frage-Antwort-Spiel beigelegt. Dafür fertigten sie Aufgabenkärtchen an. Die Antworten stehen dazu auf der Rückseite.

Länderkisten eignen sich gut, um Reiseandenken über vergangene Urlaubserlebnisse zu sammeln und sich zu erinnern.

2 Fertige eine Länderkiste zu einem europäischen Land deiner Wahl an. Beachte dabei die Länderkisten-Tipps.

Länderkisten-Tipps

Materialien:
– stabiler Schuhkarton oder Holzkiste

Inhalt:
– Name, Hauptstadt und Währung des Landes angeben
– Länderflagge und Länderkennzeichen darstellen
– Informationen zur Kultur des Landes geben
– zum Beispiel Erinnerungsstücke, Fotos, Prospekte beilegen

Gestaltung:
– sauber, übersichtlich und ansprechend

■ Länder in Europa, Seite 8/9
■ Wir feiern ein Länderfest, Seite 13/14
○ Lernsoftware: Nr. 80 und 81

Matterhorn

SCHWEIZ

SCHOKOL

1 = eis, uno, un
2 = zwoi, due, deux
3 = drü, tre, trois

CH Hauptstadt: Bern — Schweiz — Währung: Schweizer Franken

Polen

Krakau Wawel-Schloss

Bigos

1 = jeden
2 = dwa
3 = trzy

PL Hauptstadt: Warschau — Polen — Währung: Złoty

NOTRE DAME

Frankreich

Vin de Pays

CAMEMBER

1 = un
2 = deux
3 = trois

F Hauptstadt: Paris — Frankreich — Währung: Euro

Sich im Internet über Kinder anderer Länder informieren

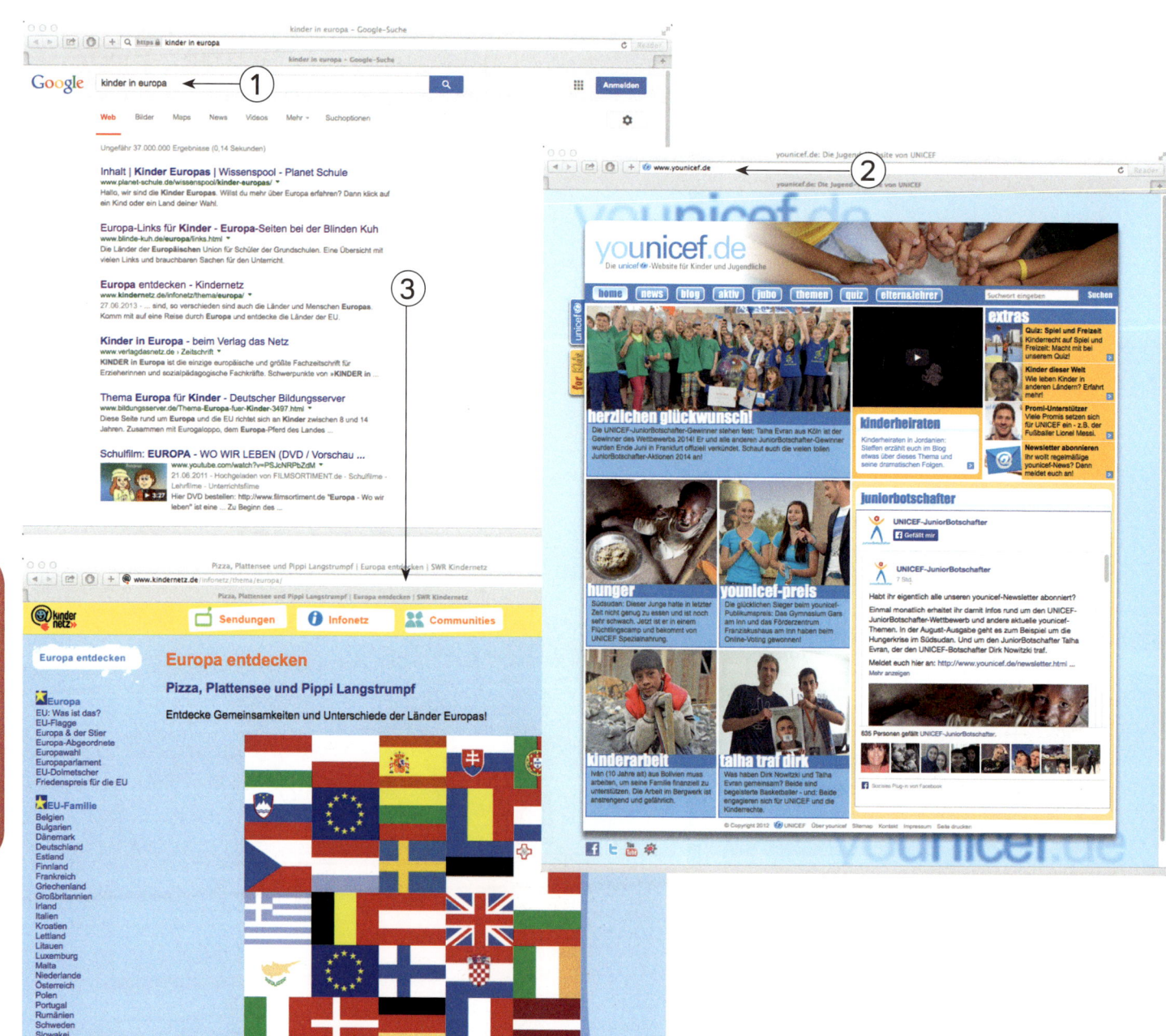

① Du gibst in einer Suchmaschine wie **www.google.de** die Stichworte **„kinder in europa"** ein.

② Willst du eine bekannte Internetadresse angeben, wie **www.younicef.de**, kannst du das Eingabefeld ganz oben nutzen. Durch Drücken der ENTER-Taste wird die Suche jeweils gestartet.

③ Bei der Eingabe von Suchbegriffen wird dir eine Vielzahl von Internet-Adressen vorgeschlagen. Klickst du eine an, gelangst du zur gewählten Seite. Gibst du gleich eine vollständige Internetadresse an, öffnet sich die Seite sofort.

1 Stelle deinen Mitschülern vor, worüber die gesuchten Internetseiten informieren.

■ Das Internet starten, Seite 117
■ Mit einer Suchmaschine arbeiten, Seite 118

Wir feiern ein Länderfest (1)

Viel Wissenswertes haben die Kinder über die Menschen anderer Länder erfahren. Deshalb haben sie beschlossen zum Abschluss ein Länderfest zu feiern.

Ideen sammeln

1 Schreibt auf Karten, wie das Fest gestaltet werden könnte.

2 Sammelt eure Vorschläge und besprecht sie.

3 Stimmt über eure Vorschläge ab.

Arbeitsgruppen bilden

4 Hängt an einer Projektsäule alle Angebote aus.

5 Entscheide dich, woran du mitarbeiten möchtest.

6 Trage dich entsprechend ein.

Nun können endlich die Vorbereitungen in den Arbeitsgruppen beginnen.

1 Wollt ihr auch ein Länderfest feiern? Überlegt und plant gemeinsam, wie ihr es gestalten möchtet.

- Länderkisten, Seite 10/11
- Sich im Internet über ander Länder informieren, Seite 12
- Wir feiern ein Länderfest, Seite 14
▶ Arbeitsheft: Seite 3

Wir feiern ein Länderfest (2)

Länder-Quiz

Denkt euch ein Quiz über die Länder Europas aus.
Findet Fragen zu bedeutenden Sehenswürdigkeiten, zur Flagge und Kultur.
Bereitet Quizzettel vor.
Prämiert den Sieger.

Kennt ihr Lieder, Tänze und Mitspielstücke aus anderen Ländern?
Gestaltet ein Bühnenprogramm und führt es auf.

BERLIN

Paris

LONDON

Einen leckeren Pizzateig zubereiten

Zutaten:
300 g Mehl
20 g Hefe
1/4 l Milch
3 Esslöffel Öl
etwas Salz

- Zutaten vermischen
- Teig kneten und gehen lassen
- Teig auf einem Blech ausrollen und belegen

Wie wollt ihr nun eure eigene Pizza belegen?

Klebt Bilder von Länder-Wahrzeichen auf große Plakate auf.
Startet vor den Bildern eine **Foto-Aktion.**

Herzlich willkommen zu unserer Flugreise nach...?
Spielt eine Flugreise in ein Land eurer Wahl.
Stellt dabei Wissenswertes über Land und Leute vor.
Nutzt dafür eure Länderkisten.

■ Länderkisten, Seite 10/11
■ Sich im Internet über ander Länder informieren, Seite 12
■ Wir feiern ein Länderfest, Seite 13
▶ Arbeitsheft: Seite 3

Mein Körper und meine Gesundheit

Anne hört gern mit Kopfhörern ihre Lieblingsmusik.
Auf welche Gefahren würdest du Anne hinweisen?

Paul spielt wie andere Kinder oft Fußball. Überlege, worauf die Kinder beim Spielen achten müssen.

In diesem Kapitel lernst du folgende Methoden kennen:
- Gestalten und Ausprobieren von Spielen zu den Sinnen,
- einen einfachen Plan als Lärmkarte anlegen.

Wir haben fünf Sinne

Damit wir wissen, was um uns geschieht, haben wir fünf Sinne.
Manche Menschen nennen diese auch: „Das Fenster zur Welt."
Unsere Sinne sind:
Sehsinn – sehen,
Tastsinn – fühlen,
Geruchssinn – riechen,
Gehörsinn – hören,
Geschmackssinn – schmecken.

Jeder Sinn hat ein eigenes Organ, das Sinnesorgan. Dieses Organ nimmt die Informationen der Umwelt auf und leitet sie über Nerven an das Gehirn weiter. Dort werden Licht und Farben zu Bildern, Töne zu Musik und Laute zu Wörtern und Geschichten. Unsere Sinnesorgane sind Augen, Haut, Nase, Ohr und Zunge.

1 Betrachte die Fotos und erkläre, welche Sinne jeweils benötigt werden.

2 Vermute, was die Kinder sehen, tasten, schmecken, hören oder riechen.

- Wir sehen, Seite 18/19
- Wir hören, Seite 20/21
- Die Sinne erleben, Seite 24/25
▶ Arbeitsheft: Seite 7
○ Lernsoftware: Nr. 14

Wissenswertes über die Sinnesorgane

Wusstest du schon, dass
deine Augen immer zusammenarbeiten, um dir anzuzeigen wie weit entfernt sich Dinge von dir befinden?

Wusstest du schon, dass
zwei Menschen dasselbe Bild ansehen können und unterschiedliche Dinge sehen?

Wusstest du schon, dass
die Haut das größte Sinnesorgan deines Körpers ist? Auch Haare, Zunge, Mundhöhle, Gehörgänge der Ohren und das Innere deiner Nase gehören dazu.

Wusstest du schon, dass
es niemanden auf der Welt gibt, der dieselben Fingerabdrücke hat wie du? Sie sind bei jedem Menschen einmalig.

Wusstest du schon, dass
deine Nase Informationen an dein Gehirn sendet, während du kaust? Das hilft dir die Speisen zu schmecken, welche du isst. Menschen, die nicht riechen können, haben Probleme etwas zu schmecken.

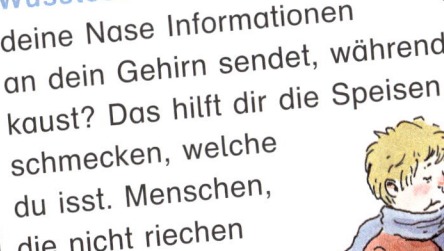

Wusstest du schon, dass
deine Zunge Geschmacksknospen hat? Mit diesen kannst du bittere, salzige, saure, süße Speisen und Getränke schmecken. Die Flüssigkeit in deinem Mund nennt man Speichel.

Wusstest du schon, dass
es eine spezielle Zeichensprache für Menschen gibt, die nicht hören können? Man nennt sie auch das Deutsche Fingeralphabet.

Sch u l e

Wir sehen

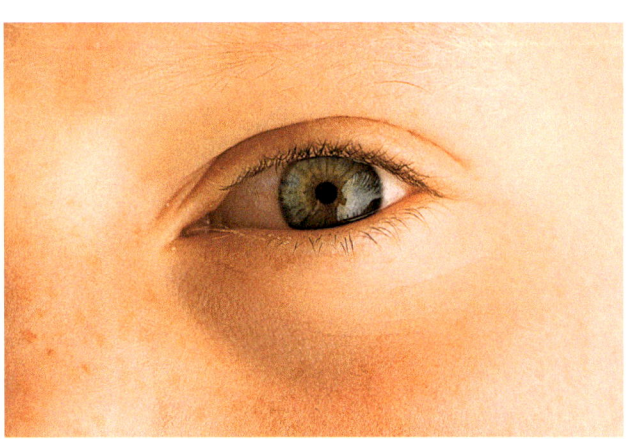

Die Augen sind unser wichtigstes Sinnesorgan. Mit ihnen können wir Formen und Farben sehen.

Zum Sehen braucht das Auge Licht. Durch die Pupille fällt Licht in das Innere des Auges. Über die Sehzellen wird die Information an das Gehirn weitergeleitet. Wimpern und Augenbrauen schützen das Auge vor Schmutz und Schweiß.
Bei Gefahr können sich die Lider schnell schließen. Dadurch wird das Auge mit Tränenflüssigkeit befeuchtet und stets gereinigt.
In der Augenhöhle liegt das Auge geschützt.

1 Betrachte die Abbildung oben genau. Was siehst du?

2 Betrachte im Spiegel deine Augen. Vergleiche ihren Aufbau mit der Abbildung.

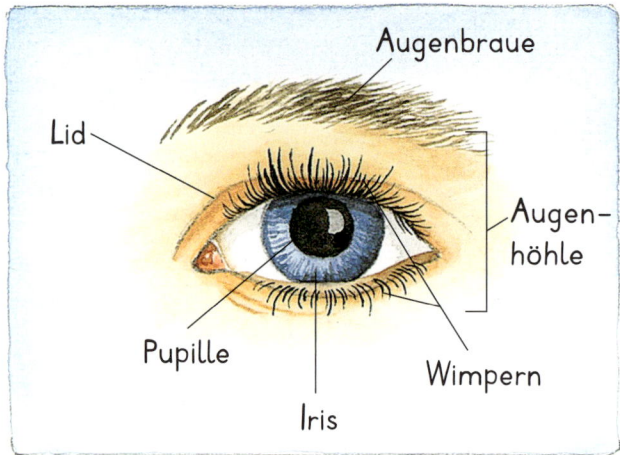

Lid
Augenbraue
Augenhöhle
Pupille
Wimpern
Iris

3 Präge dir die Namen für die Teile des Auges ein.
Betrachte die Augen deines Partners. Wiederhole dabei die Begriffe.

Manche Menschen können nicht gut sehen. Sie gehen zu einem Augenarzt.
Er untersucht die Augen und überprüft ihre Sehschärfe. Der Augenarzt stellt fest, ob eine spezielle Brille das Sehen verbessern kann.

4 Wann war dein letzter Sehtest bei einem Arzt? Was wurde festgestellt?

5 Nenne verschiedene Arten von Brillen.

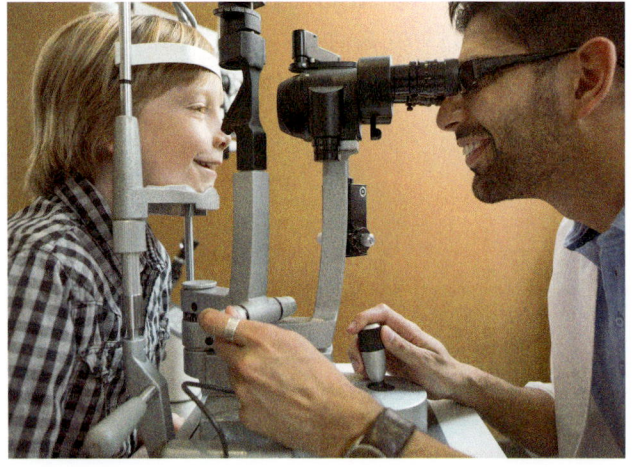

■ Wir haben fünf Sinne, Seite 16/17
■ Die Sinne erleben, Seite 24/25

▶ Arbeitsheft: Seite 4
○ Lernsoftware: Nr. 11 und 12

Schutzbrillen

1 Betrachte die Bilder. Finde die Gefahren für die Augen heraus.

2 Wodurch können die Augen geschützt werden?

Hell und dunkel

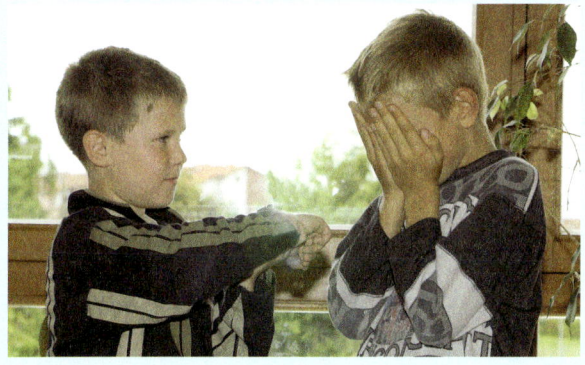

1 Immer zwei Kinder gehen ans helle Fenster. Ein Kind schließt die Augen und bedeckt sie mit beiden Händen.

2 Nach einer Minute nimmt es die Hände weg und öffnet die Augen. Das andere Kind beobachtet, wie sich die Augen verändern.

Augenbrauen schützen die Augen

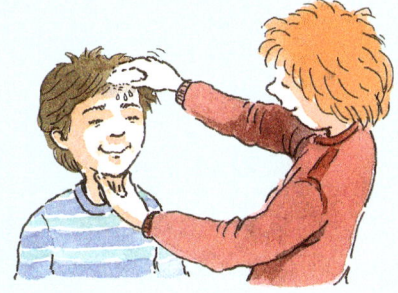

1 Tupfe vorsichtig mit einem nassen Wattebausch auf die Stirn.

2 Beobachte die herabrinnenden Tropfen.

Übrigens

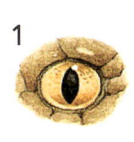

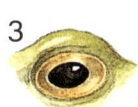

Die Augen mancher Tiere sehen ganz anders aus als unsere Augen. Welche Augen gehören zu welchem Tier?

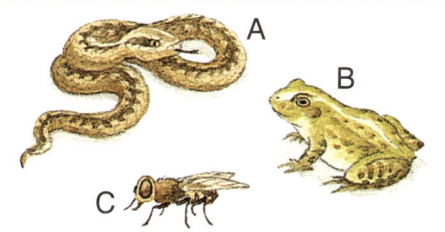

Wir hören

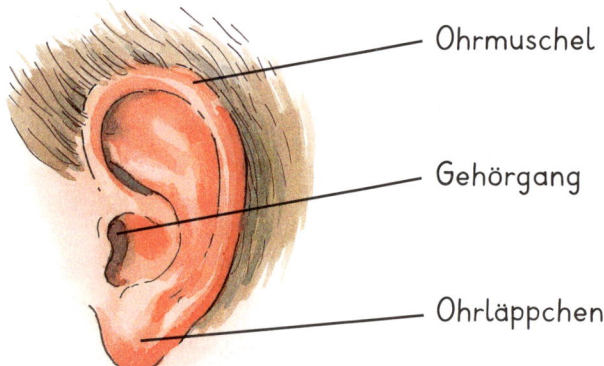

Ohrmuschel

Gehörgang

Ohrläppchen

Ständig hören wir Geräusche in unserer Umgebung. Mit unseren Ohren nehmen wir sie wahr.

1 Betrachte die Fotos. Vermute, was du hören könntest.

Von außen sind vom Ohr die Ohrmuschel, das Ohrläppchen und der Gehörgang zu sehen.

Übrigens

Unser Ohr von Innen

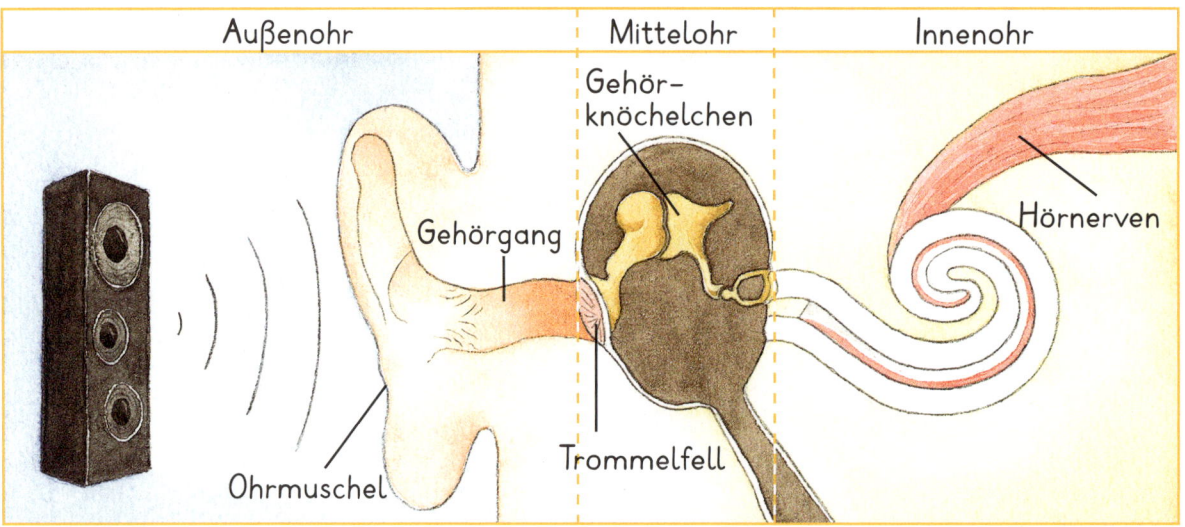

Außenohr — Mittelohr — Innenohr

Gehör-knöchelchen

Hörnerven

Gehörgang

Ohrmuschel

Trommelfell

Die Ohrmuschel fängt den Schall auf und leitet ihn zum Gehörgang. Die Schallwellen treffen auf das Trommelfell und bringen seine dünne Haut zum Schwingen.

Im Mittelohr werden die Schwingungen über kleine Gehörknöchelchen zum Innenohr weitergeleitet. Dort werden die Schwingungen in Nervenimpulse umgewandelt. Die Hörnerven geben diese an das Gehirn weiter.

- Wir haben fünf Sinne, Seite 16/17
- Die Sinne erleben, Seite 24/25
- Lärm macht krank, Seite 22
- Die Ohren pflegen und gesund erhalten, Seite 23
▶ Arbeitsheft: Seite 5
○ Lernsoftware: Nr. 13

Wie Tiere hören

Manche Tiere hören besser, weil sie große Ohrmuscheln haben.

1 Wie diese Tiere hören, kannst du so ausprobieren: Höre auf Geräusche – mit und ohne Hände hinter den Ohren. Vergleiche.

Waldgeräusche

Spaziergänge durch einen Wald sind erholsam. Dort hört man, wenn man selbst leise ist, viele interessante oder geheimnisvolle Geräusche.
Entdecke den Wald in deiner Nähe.

1 Was hörst du um dich herum?

2 Was hörst du in der Ferne?

3 Welche Geräusche empfindest du angenehm, welche eher nicht?

4 Sprich mit deinen Freunden darüber und wertet die Ergebnisse aus.

Laut und leise

1 Findet in eurer Umgebung geeignete Dinge, mit denen ihr laute und leise Klänge und Geräusche erzeugen könnt.

2 Welche Klänge oder Geräusche hörst du gern oder ungern. Sprich darüber.

Hörkino

1 Lasst Kinder hinter einer Leinwand verschiedene Klänge und Geräusche erzeugen, die ihr als Zuhörer erraten müsst.

2 Schreibt die Klänge und Geräusche der Reihe nach auf. Vergleicht eure Ergebnisse.

Lärm macht krank

Die Fotos zeigen, wo Schall so laut ist, dass er als Lärm empfunden wird. Starker Lärm kann die Hörzellen im Ohr zerstören. Hörschäden merkt man oft nicht gleich, sondern erst Jahre später.
Deshalb sollte man Orte mit starkem Lärm meiden. Wenn das nicht möglich ist, muss man die Ohren vor Lärm schützen.
Manche laute Maschinen werden besonders gedämpft, sodass sie deutlich weniger Geräusche verursachen.

1 Seht euch die Fotos an und stellt fest, wie die Menschen ihre Ohren schützen.

2 Überlegt, in welchen Situationen auf den Bildern das Gehör gefährdet werden könnte.

3 Erzählt, wo ihr selbst Lärm als störend oder sogar als schmerzhaft empfunden habt.

Was dämpft den Schall?

Ihr braucht:
ein großes Gurkenglas,
ein Stück Teppich, ein Tuch,
einen Karton, einen Karton mit Watte gefüllt, einen Wecker oder eine Eieruhr, die laut ticken und klingeln.

1 Probiert aus, wie ihr die Geräusche des Weckers am besten dämpfen könnt. Benutzt dazu die genannten Materialien.

■ Wir haben fünf Sinne, Seite 16/17
■ Wir hören, Seite 20/21

▶ Arbeitsheft: Seite 6

Die Ohren pflegen und gesund erhalten

Wer mit lauten Maschinen arbeitet, muss seine Ohren schützen.

Gegen Kälte, Wind und vor allem Zugluft musst du deine Ohren schützen.

Musik über den Kopfhörer darf nicht zu laut aufgedreht werden, sonst hört man einige Stunden lang schlechter. Wer ständig mit zu großer Lautstärke Musik hört, wird schwerhörig.

Auch lautes Schreien in ein Ohr kann zu Schädigungen führen.

So fertigst du eine Lärmkarte deiner Umgebung an:

1 Skizziere dir zuerst eine Karte deiner Umgebung.

2 Laufe nach dieser Karte und höre bewusst auf Geräusche deiner Umwelt.

3 Trage dabei sofort passende Lärmzeichen in deine Karte ein.

4 Stellt eure Lärmkarten vor.

5 Sprecht darüber, welche Geräusche ihr als Lärm empfunden habt.

■ Wir hören, Seite 20/21
■ Lärm macht krank, Seite 22

▶ Arbeitsheft: Seite 6

Die Sinne erleben

Sehtest

1 Welche abgebildeten Gegenstände kannst du auf sechs Schritte Entfernung erkennen, welche noch auf zehn Schritte Entfernung?

2 Decke nun das linke Auge ab. Überprüfe, welche Gegenstände du mit dem rechten Auge erkennst. Teste dann das linke Auge. Vergleiche.

Suchbild

In diesem Baum haben sich Tiere versteckt.

1 Zähle, wie viele Tiere du entdecken kannst.

Die Umgebung wahrnehmen ohne zu sehen

1 Lass dir die Augen verbinden und warte fünf Minuten ab. Versuche dir möglichst viel von dem zu merken, was in der Zwischenzeit im Klassenzimmer passiert.

2 Beschreibe, was du in dieser Zeit wahrgenommen hast. Wie hast du dich gefühlt?

Finde „Duftpaare"

Ein Duftöl oder ein Gewürz wird immer in zwei Döschen gefüllt. Danach werden sie markiert und ungeordnet aufgestellt.

1 Lass dir die Augen verbinden. Rieche vorsichtig den Inhalt der Döschen.

2 Stelle gleiche Duftdöschen nebeneinander. Prüfe deine Ergebnisse.

■ Wir haben fünf Sinne, Seite 16/17
■ Wir sehen, Seite 18/19
■ Wir hören, Seite 20/21
▶ Arbeitsheft: Seite 7
○ Lernsoftware: Nr. 11, 12, 13 und 14

Tasten statt sehen

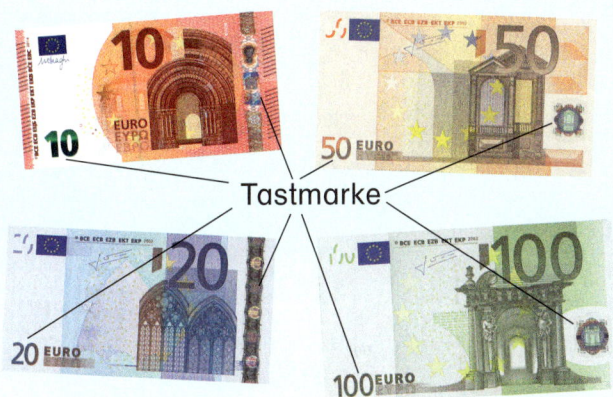

Tastmarke

Blinde Menschen erkennen ihre Umwelt oft durch fühlen und tasten. Mithilfe der Blindenschrift können sie lesen. Sie ertasten mit ihren Fingern die Zeichen für die Buchstaben.

Unsere Geldscheine sind auch mit verschiedenen fühlbaren Zeichen versehen. Münzen haben unterschiedliche Größen, Oberflächen (Prägung) und Ränder.

1 Sieh dir verschiedene Geldscheine und Münzen an. Fühle die Oberflächen und Ränder.

2 Versuche mit verbundenen Augen verschiedene Münzen zu erkennen.

Tast-Paarspiel

1 Klebe jeweils in zwei Kästchen gleiche Dinge, wie z. B. Stoff, Federn, Hölzer.

2 Lege dann die Kästchen umgedreht auf einen Tisch und verschiebe sie.

3 Finde mit geschlossenen Augen durch Tasten die passenden Paare heraus.

Schmecken und Riechen

1 Bereite Schälchen mit Apfel-, Bananen-, Gurken- und Zwiebelstückchen vor.

2 Verbinde drei Kindern die Augen. Das erste Kind darf nur riechen. Das zweite Kind darf nur schmecken. Das dritte Kind darf riechen und schmecken.

3 Lass dir von diesen Kindern sagen, was sie gerochen haben oder was sie schmecken konnten.

Miteinander leben und lernen

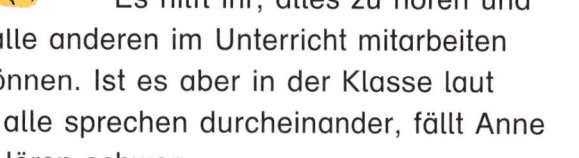

Anne kann mit ihrem rechten Ohr nur noch schlecht hören. Deshalb trägt sie ein Hörgerät. Es hilft ihr, alles zu hören und wie alle anderen im Unterricht mitarbeiten zu können. Ist es aber in der Klasse laut oder alle sprechen durcheinander, fällt Anne das Hören schwer.

Jans Erkrankung sieht man ihm nicht an. Er leidet an Diabetes. Wenn in seinem Körper der Blutzuckergehalt zu gering ist, kann es ihm schwindelig werden. Damit so etwas nicht passiert, nimmt er regelmäßig Medikamente ein. In den Pausen achtet Jan besonders darauf, dass er ausreichend trinkt und isst.

Tobias kann seit seinem Unfall die Beine nicht mehr richtig bewegen. Seitdem hat er gelernt, sich mithilfe eines Rollstuhles fortzubewegen. Er ist stolz darauf, damit jeden Ort in der Schule allein erreichen zu können. Tobias spielt besonders gut Basketball. Deshalb bekam er auch einen Sportrollstuhl.

1 Mit welcher Erkrankung oder Behinderung leben und lernen Anne, Tobias und Jan?

2 Lernen in eurer Klasse auch Kinder mit einer Behinderung?
Besprecht, worauf ihr zu achten habt.

■ Wir haben fünf Sinne, Seite 16/17

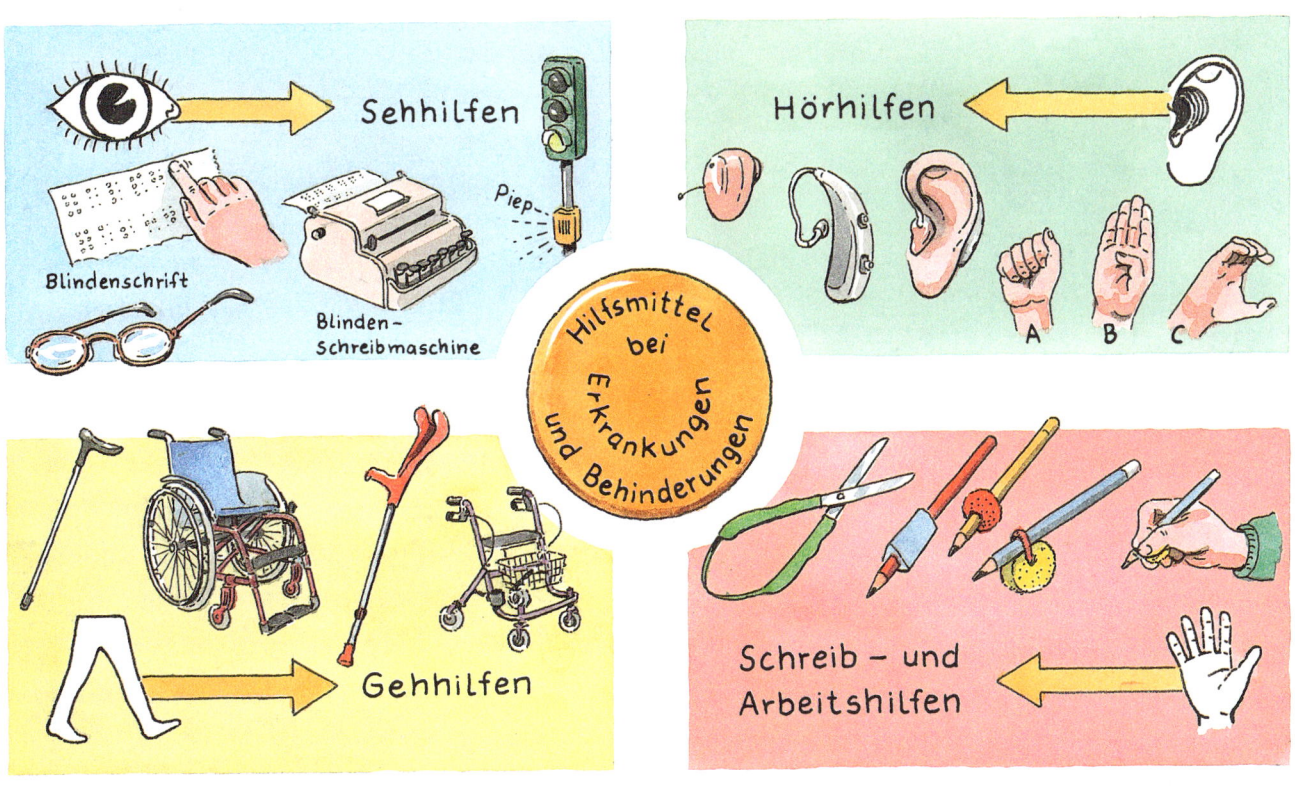

3 Besprecht die Übersicht.

4 Paul fällt es sehr schwer, den schmalen Buntstift in seiner Hand zu halten. Was kann ihm helfen?

Wie du helfen kannst

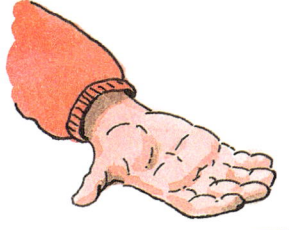

Wenn sich Jule mit Anne in der Pause unterhält, schaut sie ihr genau ins Gesicht. Dabei spricht sie langsam und deutlich. Dann kann Anne Jules Worte auch manchmal von den Lippen ablesen.

Malte arbeitet gern mit Tobias zusammen. Wenn er bemerkt, dass es Tobias schwer fällt, seine Materialien aus der Tasche zu holen, bietet er ihm seine Hilfe an.

5 Beschreibe, wie rücksichtsvoll sich Jule und Malte verhalten.

Drogen können der Gesundheit schaden

Tobias geht aus der Schule nach Hause und sieht auf der Bank rauchende Jugendliche sitzen. Auch seine Schwester Carolin ist dabei.

Tobias ärgert sich, weil sie in der Familie erst gestern beim Abendbrot über die Gefahren des Rauchens gesprochen haben. Mutti findet Rauchen schädlich und Vati raucht schon seit drei Jahren nicht mehr. Besonders unangenehm ist es Tobias, wenn seine Schwester nach Zigarettenqualm riecht.

Nun überlegt er, wie er Carolin überzeugen könnte, nicht mehr zu rauchen.

Nach zwei Wochen sieht Tobias seine Schwester mit ihren Freunden wieder auf dieser Bank sitzen.

Zuerst wundert er sich, dass sie heute keine Zigarette im Mund haben.

Doch da fällt ihm ein, dass Carolin gestern Abend von einem Wettbewerb erzählt hat. Dabei verpflichten sich die teilnehmenden Jugendlichen, mit dem Rauchen aufzuhören und später nicht wieder anzufangen. Carolins Klasse will daran teilnehmen und sie können sogar einen Preis gewinnen. Tobias findet den Wettbewerb toll.

Rauchen kann tödlich sein

Rauchen verursacht tödlichen Lungenkrebs

Schützen Sie Kinder – lassen Sie sie nicht Ihren Tabakrauch einatmen!

Wer das Rauchen aufgibt, verringert das Risiko tödlicher Herz- und Lungenerkrankungen

Rauchen lässt Ihre Haut altern

1 Überlege, warum in vielen Gaststätten nicht mehr geraucht werden darf.

2 Sprecht darüber, warum die Zigarettenschachteln diese Aufschriften tragen.

Verkehrsunfall – wieder durch Alkohol am Steuer

Vorgestern wurde an der Gartenstraße ein zehnjähriges Mädchen verletzt.
Der Fahrer des Wagens hatte nach Angaben der Polizei das Mädchen beim Abbiegen übersehen.
Die Beamten der Polizei stellten mit einem Alkoholtest fest, dass der Mann betrunken war.
Dem Fahrer wurde der Führerschein entzogen.
Die Polizei wird immer wieder zu schweren Unfällen gerufen, die auf Trunkenheit zurückzuführen sind.

Heute feiert die ganze Familie den 60. Geburtstag von Oma. Philipp freut sich, dass auch Onkel Dieter zur Feier gekommen ist. Er sitzt neben ihm und sein Onkel sagt: „Du bist aber groß geworden. Da kannst du ja einmal von meinem Bier kosten." Philipp ist wirklich, seit er den Onkel nicht mehr gesehen hat, ganz schön gewachsen. Er überlegt kurz und sagt: „NEIN, danke! Bier trinke ich nicht, ich trinke lieber Saft."

3 Warum sagt Philipp laut: „NEIN, Bier trinke ich nicht."? Sprecht über Phillipps Antwort gegenüber seinem Onkel.

4 Wie würdest du dich verhalten, wenn dir jemand Alkohol anbietet?

Am nächsten Nachmittag ist Philipp mit einigen seiner Freunde in der Sporthalle. Jeden Montag geht er hier zum Judo-training. Philipp bewegt sich gern und er lernt hier seinen Körper besser kennen. Er lernt die Grundzüge des Judos, Überwürfe und Falltechniken.

Nach dem Training fühlt sich Philipp fit und stark und er freut sich schon auf den nächsten Montag.

5 Überlege, warum Philipp Sport treibt.

Teste dein Wissen

1 Schreibe nur in dein Sachunterrichtsheft. Notiere zuerst die Überschrift dieser Seite. Dann schreibst du jeweils die Nummer und den Buchstaben der Aufgabe auf und dahinter die Antwort.

A Der Mensch besitzt fünf Sinnesorgane.
Die Anfangsbuchstaben helfen dir:
A – H – N – O – Z

B Ordne den Sinnesorganen aus Aufgabe A den passenden Sinn zu: Geschmackssinn, Tastsinn, Geruchssinn, Sehsinn, Gehörsinn

C Die Zunge hat Geschmacksknospen. Füge die Silben zusammen.
Mit ihnen schmecken wir: sal-, -re, -tere, sü-, bit-, sau-, -zige, -ße
Speisen und Getränke.

2 Benutze dein Sachunterrichtsheft. In jedem Kasten steht ein Begriff, der nicht zu den anderen passt. Notiere jeweils Nummer und Buchstaben der Aufgabe und dahinter die zueinander passenden Begriffe.

D – Lid
– Iris
– Hörnerven
– Pupille

E – Wimpern
– Ohrmuschel
– Trommelfell
– Gehörknöchelchen

F – rau
– weich
– glatt
– hübsch

3 Benutze dein Sachunterrichtsheft. Prüfe die Richtigkeit der Sätze. Notiere jeweils Nummer und Buchstaben der Aufgabe und dahinter die richtigen Aussagen.

G – Die Augenbraue schützt das Auge vor Schweiß.
– Die Tränenflüssigkeit ist zum Weinen da.
– Das Augenlid schützt das Auge vor Schmutz und plötzlichem Lichteinfall.

H – Die Ohrmuschel fängt den Schall auf.
– Im Mittelohr befinden sich die Hörnerven.
– Kleine Gehörknöchelchen leiten die Schwingungen an das Innenohr weiter.

4 Benutze dein Sachunterrichtsheft. Schreibe mithilfe der Wörter ein oder zwei Sätze zum Thema „Gefahren für die Gesundheit":

Alkohol – Gesundheit – Kinder – schädlich – Zigaretten

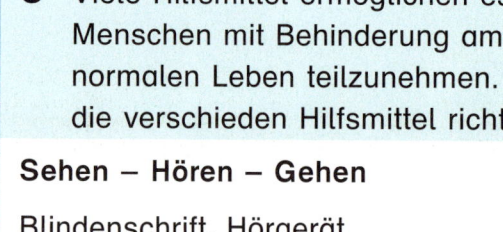

5 Viele Hilfsmittel ermöglichen es Menschen mit Behinderung am normalen Leben teilzunehmen. Ordne die verschieden Hilfsmittel richtig zu:

Sehen – Hören – Gehen

Blindenschrift, Hörgerät, Gebärdensprache, Blindenschreibmaschine, Rollator, Brille, Unterarmstützen, Rollstuhl

Pflanzen und Tiere

Auf diesem Feld wächst ein wichtiges Nahrungsmittel, das du schon oft gegessen hast. Finde heraus, was hier angebaut wird.

Die Wiese ist ein wichtiger Lebensraum für viele Tiere.
Erzähle, welche Wiesenbewohner du schon beobachtet hast.

In diesem Kapitel lernst du folgende Methoden kennen:

- Pflanzen skizzieren,
- einen Bauernhof erkunden,
- Getreideprodukte präsentieren,
- Tiere und Pflanzen bestimmen,
- ein Herbarium anlegen.

Anbau von Getreide

Weizen

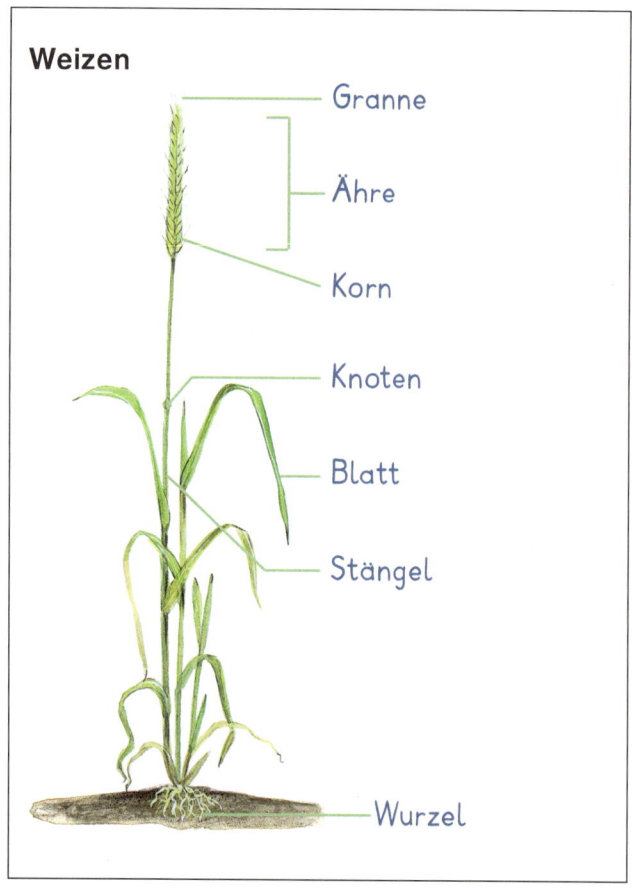

- Granne
- Ähre
- Korn
- Knoten
- Blatt
- Stängel
- Wurzel

Weizen

Jedes Jahr im Sommer leuchtet auf den Feldern das reife Getreide.
Eine häufige Getreideart ist der Weizen. Am oberen Ende des Stängels sitzen dicht gedrängt Körner, die Früchte des Weizens. Weizen hat kurze Grannen. Alle Körner zusammen – das ist der Fruchtstand – nennt man Ähre. Der lange, hohle Stängel (Halm) hat an einigen Stellen Verdickungen. Sie heißen Knoten und geben dem Halm Festigkeit. Sie verhindern zum Beispiel, dass er bei starkem Wind umknickt.

Auch Mais ist eine Getreideart. An den kräftigen Stängeln, die bis zu drei Meter hoch werden können, wachsen die Maiskolben. Sie sind etwa 20 Zentimeter groß und werden von großen Blättern eingehüllt. Mais hat von allen Getreidearten die größten Körner.

1 Vergleiche Weizen- und Maispflanze miteinander.
Skizziere beide Pflanzen.

Mais

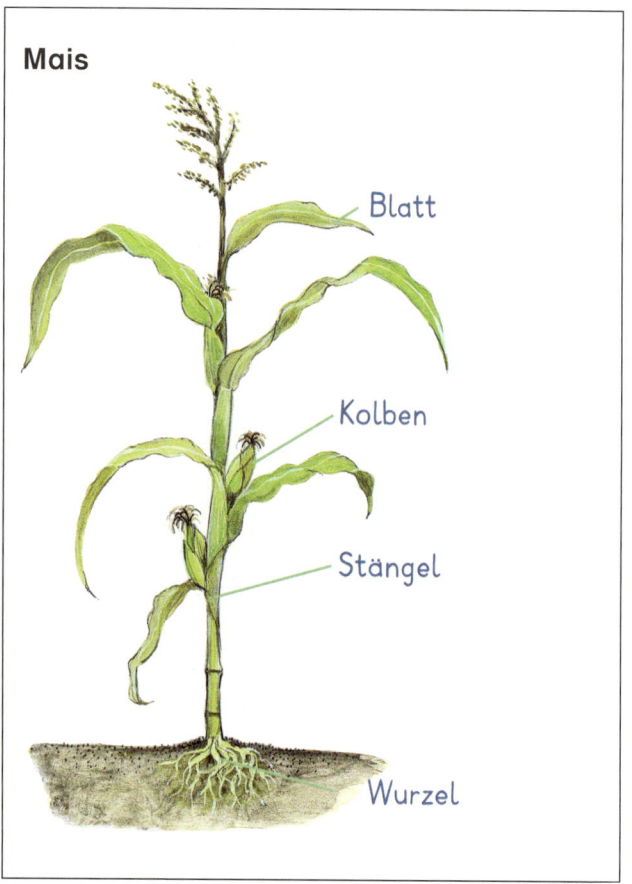

- Blatt
- Kolben
- Stängel
- Wurzel

Mais

- Getreideernte früher und heute, Seite 34/35
- Was aus Getreide hergestellt wird, Seite 40/41, 42
- Rund ums Getreide, Seite 44/45
▶ Arbeitsheft: Seite 8
○ Lernsoftware: Nr. 28 und 29

Weizen

Roggen

Gerste

Hafer

Außer Weizen und Mais werden bei uns hauptsächlich Roggen, Gerste und Hafer angebaut.
Die Getreidearten kann man am besten an den reifen Fruchtständen unterscheiden.
Am leichtesten ist der Hafer zu erkennen. Seinen Fruchtstand nennt man Rispe.

2 Besorgt euch reife Ähren von den vier Getreidearten.
Vergleicht sie miteinander.

3 Vergleicht nun die verschiedenen Getreidekörner miteinander.

Übrigens

Reis

Hirse

Nicht überall auf der Welt können unsere heimischen Getreidearten wachsen.
Reis wird vorwiegend in Asien angebaut. Die Reispflanze muss im Wasser stehen, um zu gedeihen.
Hirse wird hauptsächlich in Asien und Afrika angebaut. Sie kann auch gut auf trockenen Böden wachsen.
Auf beiden Erdteilen hungern immer noch viele Menschen.

1 Überlege, warum in der Welt so viele Menschen hungern.

2 Erkunde Gerichte aus Reis und Hirse.

Getreideernte früher und heute

Es gab vor 100 Jahren für die Arbeit auf den Feldern keine oder nur wenige Maschinen. Die meisten Äcker waren damals kleiner als heute. Viele Menschen waren für die Getreideernte nötig, denn fast alles wurde von Hand gemacht. Die gesamte Bauernfamilie, Knechte und Mägde mussten mithelfen. Die Arbeit war schwer.

Wenn das Getreide reif war, wurden die Halme mit der Sense knapp über der Erde abgemäht ①. Diese sehr anstrengende Arbeit machten die Männer.

Die Frauen nahmen die abgeschnittenen Halme auf und formten daraus Bündel ②. Geschickt knoteten sie einige Halme um die Mitte des Bündels. So entstanden die Garben. Zum Trocknen wurden die Garben so aufgestellt ③, dass die Ähren oben waren. Oft machten Kinder diese Arbeit.

Später wurden die Garben auf einen Pferdewagen geladen ④ und in die Scheune des Bauernhofes gebracht. Dort lagerten sie bis zum Spätherbst oder Winter.

Dann wurden die Garben aus der Scheune geholt und die Halme mit den Ähren auf dem Dreschplatz ausgebreitet. Mit Dreschflegeln aus Holz schlugen die Männer die Körner aus den Ähren ⑤.

Das Dreschen, Reinigen und Sieben geschah bald durch Maschinen. Große Dreschmaschinen wurden eingesetzt ⑥, die von Dampfmaschinen oder Elektromotoren angetrieben wurden.

1 Nenne die einzelnen Arbeitsschritte, die früher bei der Getreideernte nötig waren. Vergleiche sie mit der Getreideernte heute.

■ Leben auf dem Lande früher, Seite 36/37 ▶ Arbeitsheft: Seite 9

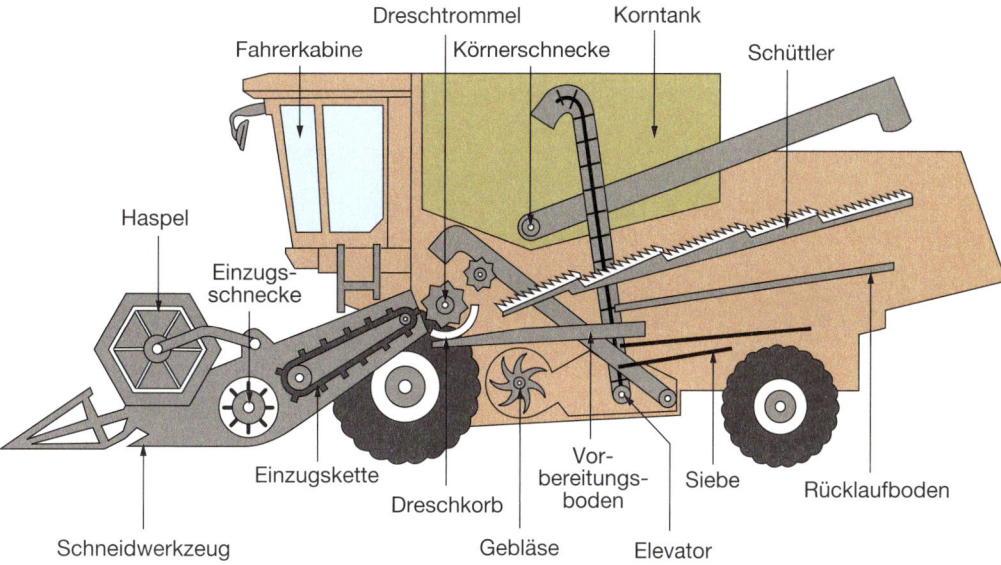

Diagram labels: Fahrerkabine, Dreschtrommel, Körnerschnecke, Korntank, Schüttler, Haspel, Einzugsschnecke, Schneidwerkzeug, Einzugskette, Dreschkorb, Vorbereitungsboden, Gebläse, Elevator, Siebe, Rücklaufboden

Heute wird das reife Getreide mit Mähdreschern geerntet. Sie können in einem Arbeitsgang viele Arbeitsschritte erledigen. Ein Mähdrescher mäht zuerst die Getreidehalme ab. In der Maschine werden die Körner aus den Ähren gedroschen und in einem Tank gesammelt. Regelmäßig leert der Mähdrescher den Körnertank über ein Rohr auf einen Anhänger. Das Stroh wird auf den Acker gestreut. Man kann daraus später Strohballen pressen oder es unterpflügen. Große Mähdrescher können nur auf großen Feldern sinnvoll eingesetzt werden. Sie sparen viel Zeit und viele Arbeitskräfte ein.

2 Beschreibe den Schnitt durch den Mähdrescher.

Übrigens

Heute mäht ein Mähdrescher in einer Stunde eine große Fläche ab.

Vor 100 Jahren hätten 170 Männer mit Sensen eine Stunde arbeiten müssen, um die gleiche Fläche abzumähen.

Leben auf dem Lande früher

Früher wohnten viel mehr Menschen auf dem Land als heute. Es gab einige reiche Bauern mit großen Höfen. Aber die meisten Menschen waren sehr arm. In kleinen Häusern lebte die ganze Familie sehr beengt beieinander.

In den alten Bauernhäusern waren außer den Menschen auch die Tiere, Arbeitsgeräte und die Vorräte unter einem Dach untergebracht. Im Sommer wurden die Arbeiten draußen vor dem Haus gemacht. Im Winter wärmten sich alle in der Küche am offenen Feuer, der einzigen Feuerstelle im Haus.

„Ich heiße Willi und bin neun Jahre alt. Mein Vater ist Bauer mit einem sehr kleinen Bauernhof. In unserem Haus leben viele Menschen. Ich schlafe zusammen mit meinen zwei Brüdern in einem Bett im Schlafzimmer meiner Eltern. Meine zwei Schwestern schlafen zusammen mit Oma in einem anderen Zimmer. In einer ganz kleinen Kammer wohnt meine Tante.

Die Erwachsenen haben den ganzen Tag etwas zu tun. Aber auch wir Kinder haben viele Aufgaben. Schon vor der Schule muss ich das Feuerholz hereinholen. Später bringe ich die Ziegen auf die Weide. Mein Schulweg ist etwa drei Kilometer lang.
Ich gehe zu Fuß, im Sommer am liebsten barfuß, weil meine Holzschuhe nicht so bequem sind."

■ Getreideernte früher und heute, Seite 34/35

„Ich heiße Dora und bin fast elf Jahre alt. Ich kann meiner Mutter schon viel helfen. Wir stehen morgens vor sechs Uhr auf. Meine erste Aufgabe ist es dann, Wasser ins Haus zu holen. Dabei wasche ich mich gleich am Brunnen. Wenn mein Bruder Willi das Feuerholz hereinbringt, mache ich im Küchenherd das Feuer an. Ich setze einen großen Topf mit Wasser auf den Herd. Bis das Wasser heiß ist, habe ich Zeit, unsere Ziegen zu melken. Die Milch können wir zum Frühstück trinken. Es gibt bei uns fast immer Gerstengraupen-Brei in Buttermilch gekocht. Ich muss den Brei für uns nur etwas auf dem Herd anwärmen, weil wir ihn schon auf Vorrat in großen Portionen gekocht haben. Nach dem Abwaschen des Geschirrs helfe ich meiner Mutter noch schnell. Wir stellen den großen Topf mit eingeweichter Kochwäsche auf den Herd. Heute ist nämlich Waschtag. Wenn ich aus der Schule heimkomme, werde ich noch viel zu tun haben."

1 Vergleicht den Tagesablauf der beiden Kinder mit eurem eigenen.

Kleinbauernmuseum Reitzendorf

In vielen Gegenden könnt ihr alte Bauernhäuser und Heimatmuseen besichtigen.
1 Erkundigt euch, wo es in eurer Nähe ein Museumsdorf oder ein Heimatmuseum gibt.
2 Plant eine Exkursion dorthin.
3 Erforscht dort, wie die Bauern in Sachsen früher lebten.
4 Verteilt die Aufgaben an verschiedene Lerngruppen.

Landwirtschaft – auf einem Bauernhof

Herr und Frau Röder bewirtschaften einen modernen Bauernhof. Neben dem Milchvieh gibt es auf dem Hof noch Schweine, Hühner und Puten. Auf den Feldern werden Getreide und Raps angebaut.

„Viele meiner Arbeiten fallen jeden Tag an, also auch am Sonntag. Für das Melken, Füttern und Pflegen der Kühe benötige ich täglich etwa vier Stunden. Andere Tätigkeiten hängen von der Jahreszeit ab. Außer im Winter sind viele Arbeiten auf den Feldern zu erledigen."

„Neben meinen Aufgaben im Haushalt arbeite ich auf dem Hof mit. Ich füttere die Schweine, Puten und Hühner und sammle die Eier ein. Dann müssen die Ställe gereinigt werden. Am Wochenende erledigen wir zusammen die Büroarbeiten. Die meiste Arbeit haben wir während der Erntezeit."

Um Getreide säen zu können, kauft der Landwirt Saatgut bei einem Händler.

Junge, zehn Wochen alte Ferkel kauft der Bauer für die Mast vom Ferkelerzeuger.

Die Hühner werden mit Spezialfutter und mit eigenem Getreide gefüttert.

Zur Weiterverarbeitung wird das Getreide zur Mühle gebracht.

Die Mastschweine bringt der Landwirt direkt zum Metzger.

Die Eier werden auf dem Wochenmarkt oder im Hofladen verkauft.

1 Landwirte haben einen sehr vielseitigen Beruf: Sie sind Tierzüchter, Kaufmann, Techniker und Pflanzenkundler. Erkläre.

2 Erkundige dich, welche Produkte Landwirte aus deiner Umgebung erzeugen und wie sie diese verkaufen.

■ Leben auf dem Land früher, Seite 36/37
■ Wir erkunden einen Bauernhof, Seite 39

Wir erkunden einen Bauernhof

Hoferkundungstag Getreide

Stellt Fragen zum Getreideanbau, z.B.:
– Welche Getreidearten werden angebaut?
– Wie wird das Getreide ausgesät?
– Welche Maschinen braucht der Bauer für die Aussaat und welche für die Ernte?
– Was passiert mit dem Getreide nach der Ernte?

Planung

Die Schüler möchten einen modernen Bauernhof kennen lernen.
Deshalb planen sie und legen fest,
– welchen Bauernhof sie besuchen wollen,
– wer den Besuch anmeldet,
– welche Tiere und Pflanzen sie besonders interessieren,
– welche Fragen sie stellen wollen,
– wer sich um ein gemeinsames Frühstück kümmert.

Auswertung

Wertet euren Hoferkundungstag auf dem Bauernhof danach in der Klasse gründlich aus.
Überlegt in Gruppen:
– Was habt ihr auf dem Bauernhof beim Rundgang alles gesehen?
– Wurden eure Fragen ausreichend beantwortet?
– Worüber wollt ihr noch mehr erfahren?
Tipp: Nutzt dafür Bücher, Zeitschriften oder das Internet.

Präsentiert eure Ergebnisse.

Was aus Getreide hergestellt wird (1)

① Das Getreide wird zu einem **Getreidesilo** transportiert. Zuerst werden verschiedene Kontrollen durchgeführt. Im **Getreidesilo** werden die Körner von Staub, Steinchen und leeren Schalen getrennt und dann gelagert.

② Vom Getreidesilo gelangen die Getreidekörner zur **Getreidemühle**. Dort werden die Körner zwischen schweren Mahlsteinen zermahlen. Es wird ein wenig befeuchtet, damit sich die Schalen leichter vom Mehlkörper trennen. Das Mehl wird in Mehlsilos gelagert.

③ Mit **Mehltransportwagen** erfolgt der Transport des Mehles zu den Bäckereien. Große Bäckereien lagern ihr Mehl in einem **Silo**. Von dort gelangt das Mehl gleich in die Teigzubereitungsanlage.

④ Der **Brotteig** wird aus Mehl, Wasser und Sauerteig oder Hefe geknetet. Die Bäcker haben dafür große Knetmaschinen. Danach muss der Teig einige Zeit ruhen, damit das Brot gut bäckt.

⑤ Nach der Ruhezeit kann der Bäcker die **Brotlaibe** formen. Sie erhalten eine ovale, runde oder längliche Form.

⑥ Im **Backofen** werden die Brote gebacken. Die Backtemperatur muss genau eingehalten werden.

⑦ Im **Bäckerladen** kann man viele Sorten Brot, Brötchen, aber auch Kuchen, Kekse und Torten kaufen.

■ Was aus Getreide hergestellt wird (2), Seite 42

Die Getreidearten Roggen, Gerste, Hafer und Mais werden auch als **Futter** verwendet. Auch für Kraftfutter wird Getreide benötigt.

In **Bierbrauereien** wird Gerste für die Herstellung von Bier verwendet. Das Bier wird deshalb auch als „Gerstensaft" bezeichnet.

Für die Aussaat von Getreide wird spezielles **Saatgetreide** angebaut.
Es muss eine sehr gute Qualität haben und sortenrein sein.

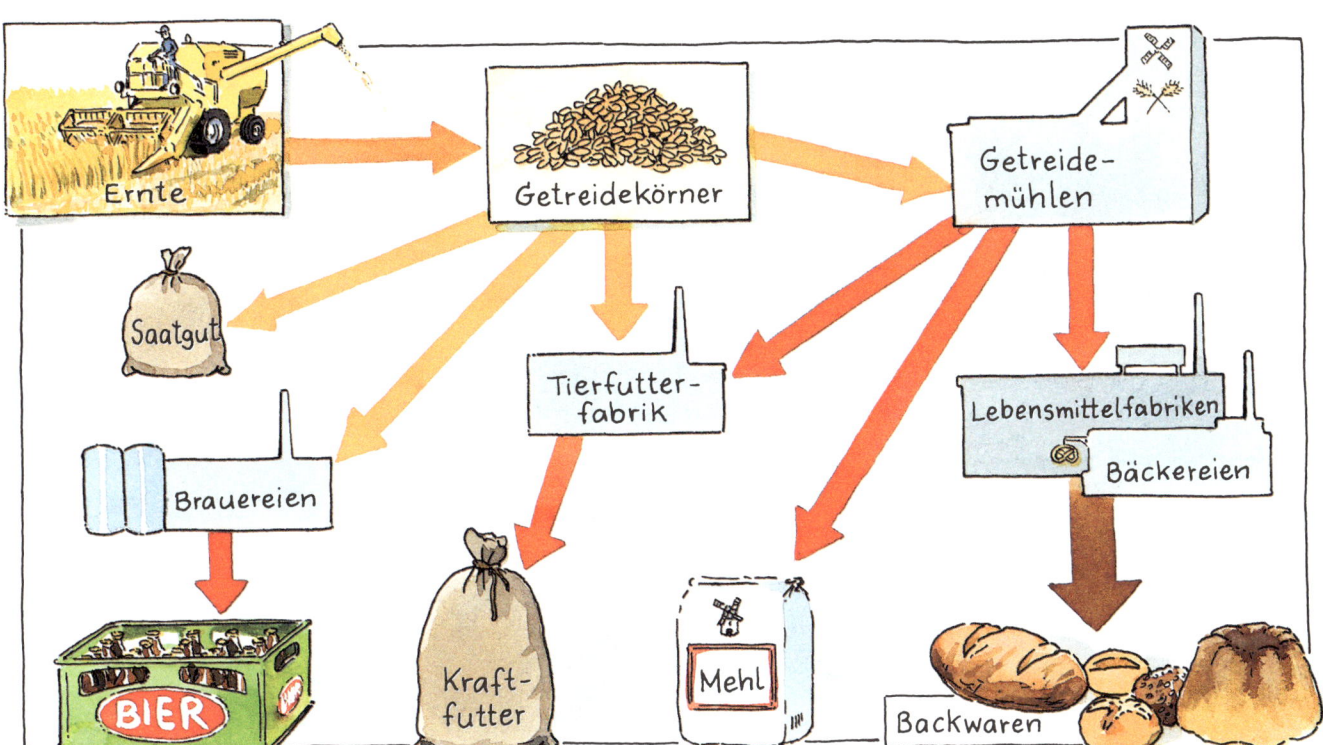

1   Beschreibt mithilfe der Übersicht, wofür Getreide verwendet wird.

2   Sucht nach Lebensmitteln, in denen Getreide enthalten ist.
     Schaut auf die Verpackungen.

3   Gestaltet einen Ausstellungstisch zum Thema „Was wird aus Getreide hergestellt?"
     in der Klasse.

Was aus Getreide hergestellt wird (2)

Ernte mit dem Maishäcksler

Fahrsilo mit Maissilage

Mais wird verfüttert

Biogasanlage

Ab Mitte September ernten die Landwirte mit einem Maishäcksler den Mais.
Sie schneiden die Pflanzen über dem Boden ab und häckseln sie in kleine Stücke.

Der frisch geerntete Mais wird in ein Fahrsilo gebracht. Durch Hin- und Herfahren mit dem Traktor auf dem gelagerten Mais wird der Mais zusammengepresst. Unter Luftabschluss gärt die Masse. Es entsteht Silage, die säuerlich riecht und über Monate lagerfähig ist.
Die Nutztiere der Landwirte brauchen unterschiedliches Futter.
Alle Teile der Maispflanze sind als Futter geeignet und enthalten viele Nährstoffe.
Deshalb wird das Vieh auch mit frischem Mais gefüttert.

Maiskörner kann man auch trocknen und somit besser lagern.

Ein Teil des angebauten Mais wird zur Energiegewinnung in Biogasanlagen eingesetzt. Dort wird daraus Biogas, Strom oder Biotreibstoff gewonnen.

1 Findet heraus, wie Mais für die Ernährung des Menschen genutzt wird. Gestaltet dazu eine Ausstellung.

■ Was aus Getreide hergestellt wird (1), Seite 40/41

Züchtung von Getreide

Vor vielen tausend Jahren haben die Menschen die Körner wilder Gräser gesammelt. Nach und nach fanden sie heraus, dass bestimmte Pflanzen mehr Körner hatten, diese größer und wohlschmeckender waren als andere.

Irgendwann kamen sie auf die Idee, diese Körner auszusäen. Bald stellten die Menschen fest, dass sie auf diese Weise viel mehr Nahrung erhielten und begannen mit dem Ackerbau. Auch später wählten sie die größten Körner für die nächste Saat aus. So begann der Anbau unserer heutigen Getreidearten.

1 Erzähle, wie sich der Anbau von Getreide entwickelte.

Übrigens

Wilde Gräser

Mäusegerste   Wiesenfuchsschwanz   Wiesenrispengras

Diese drei Gräser sind häufig bei uns zu finden.

1 Geht hinaus. Sucht diese Gräser.

2 Vergleicht sie mit den heutigen Getreidearten.

3 Nennt Gemeinsamkeiten und Unterschiede.

Rund ums Getreide

Getreide säen und Körner probieren

1 Bereitet in eurem Schulgarten ein Beet für Wintergetreide vor.

2 Markiert die Beetabschnitte mit Schildern für die jeweiligen Getreidesorten.

3 Sät Mitte September bis spätestens Oktober die Getreidekörner aus.

4 Beobachtet die Entstehung der Getreidepflanzen.

5 Ab Juni des darauffolgenden Jahres könnt ihr bei ausreichender Pflege das Getreide ernten.

6 Vergleicht die verschiedenen Getreidekörner miteinander und kostet sie.

Getreide-Klappkarte

1 Nutzt dafür die reifen Getreidepflanzen aus eurem Schulgarten.

2 Faltet die Karte einmal in der Mitte.

3 Klebt mit Klebeband auf die Vorderseite eine komplette Ähre, ein Blatt und mehrere Getreidekörner.

4 Klebt auf die Rückseite eine Skizze der Getreidepflanze, schreibt den Namen dazu.

5 Notiert, wozu der Mensch dieses Getreide nutzt.

6 Fertigt weitere Getreide-Klappkarten an.

■ Was aus Getreide hergestellt wird, Seite 40/41, 42   ▶ Arbeitsheft: Seite 10

Popcorn selbst gemacht

Ihr braucht: Popcorn-Mais, etwas Speiseöl, einen großen Topf mit Deckel (vielleicht sogar mit einem Glasdeckel).

1 Streicht mit einem Pinsel den Boden des Topfes mit Öl ein.

2 Fügt ca. 50 Gramm (eine Hand voll) Popcorn-Mais hinzu, ohne dass die Körner übereinander liegen.

3 Verschließt den Topf mit dem Deckel.

4 Lasst euren Lehrer den Topf auf dem Herd erhitzen.

5 Wenn die Aufplatz-Geräusche nachlassen ist euer Popcorn fertig. Erst dann könnt ihr den Deckel öffnen.

Vorsicht! Verbrennungsgefahr am Herd!

Haferflocken mit Jogurt

Haferflocken mit Milch

Haferflocken mit Obst und Nüssen

Haferflocken für ein Kraftmüsli zubereiten

Ihr braucht: Haferkörner, Gefrierbeutel, eine feste Unterlage, einen Hammer und eine große Schüssel.

1 Füllt die Haferkörner in einen Gefrierbeutel.

2 Legt diesen Gefrierbeutel auf die feste Unterlage.

3 Schlagt mit dem Hammer vorsichtig auf die Körner, bis sie ganz flach sind.

Achtung! Schlagt nicht zu kräftig, sonst erhaltet ihr Hafermehl.

5 Rührt die Haferflocken in einer Schüssel mit Milch, Jogurt oder zerkleinertem Obst und Nüssen an.

45

Die Kartoffel

Blüte

Blatt

Beere

Stängel

Ausläufer

Mutter-
knolle

Knolle

Die Kartoffel zählt zu den wichtigsten Nahrungsmitteln in Deutschland.
Von der Kartoffelpflanze essen wir nur die Knollen. Diese wachsen unter der Erde.
Im Frühjahr werden die Kartoffelknollen in den Boden gelegt. Auf jeder Knolle befinden sich in kleinen Vertiefungen Knospen. Sie werden auch „Augen" genannt.
Bald sprießen aus diesen „Augen" der Mutterknolle Triebe. Nach vier Wochen erreicht ein Trieb die Erdoberfläche und bildet erste Blätter. Bis zum Sommer wächst der Stängel der Pflanze bis zu einem Meter hoch und entfaltet weitere Blätter.
Schließlich zeigen sich weiße oder violette Blüten, die zu grünen Beeren reifen. Diese sind giftig, wie alle grünen Teile der Kartoffel. Unter der Erde verdicken sich die Enden der Wurzeln zu 10 bis 25 „Tochterknollen". Während diese Knollen sich vergrößern, schrumpft die Mutterknolle und fault.
Im Herbst beginnt die Pflanze zu welken und die Kartoffeln sind reif zur Ernte.

1 Beschreibe mithilfe der Bilder, wie aus einer Mutterknolle neue Kartoffeln entstehen.

2 Untersuche eine Kartoffel. Was siehst und fühlst du?

■ Die Geschichte der Kartoffel, Seite 48/49
▶ Arbeitsheft: Seite 12
○ Lernsoftware: Nr. 26 und 27

Kartoffeln werden im Frühjahr auf großen Feldern angebaut. Im Sommer und im Herbst können die reifen Knollen geerntet werden.

Bei der Ernte hebt der Kartoffelroder die Pflanzen aus der Erde und schiebt sie ins Innere der Maschine.

Dort werden das Kartoffelkraut und die Erde von den Kartoffelknollen getrennt.

Auf einem Sortierband werden die kleinen, beschädigten oder faulen Kartoffeln und Steine aussortiert.

Anschließend werden die Kartoffeln in große Behälter gefüllt und abtransportiert.

3 Erklärt, warum faule und beschädigte Kartoffeln aussortiert werden.

4 Findet heraus, was aus den geernteten Kartoffeln hergestellt wird.

Kartoffelpizza selbst gemacht

Ihr braucht: 750 g Pellkartoffeln, 150 g Kochschinken, 500 g Tomaten, fünf hart gekochte Eier, ein Teelöffel Oregano, ein Esslöffel gehackte Petersilie, Knoblauch und etwas Salz, Pfeffer, 250 g geriebener Edamer Käse.

1. Fettet das Backblech mit etwas Margarine ein.
2. Schneidet die gekochten Pellkartoffeln in dünne Scheiben und verteilt sie dachziegelartig auf dem Blech.
3. Schneidet den Schinken, die Tomaten und die Eier klein und verteilt sie gleichmäßig auf den Kartoffeln.
4. Würzt eure Pizza mit Oregano, Petersilie, Knoblauch, Pfeffer und etwas Salz. Bestreut sie mit dem geriebenen Käse.
5. Backt die Pizza bei 180 °C etwa 10 bis 15 Minuten im vorgeheizten Backofen.

Die Geschichte der Kartoffel

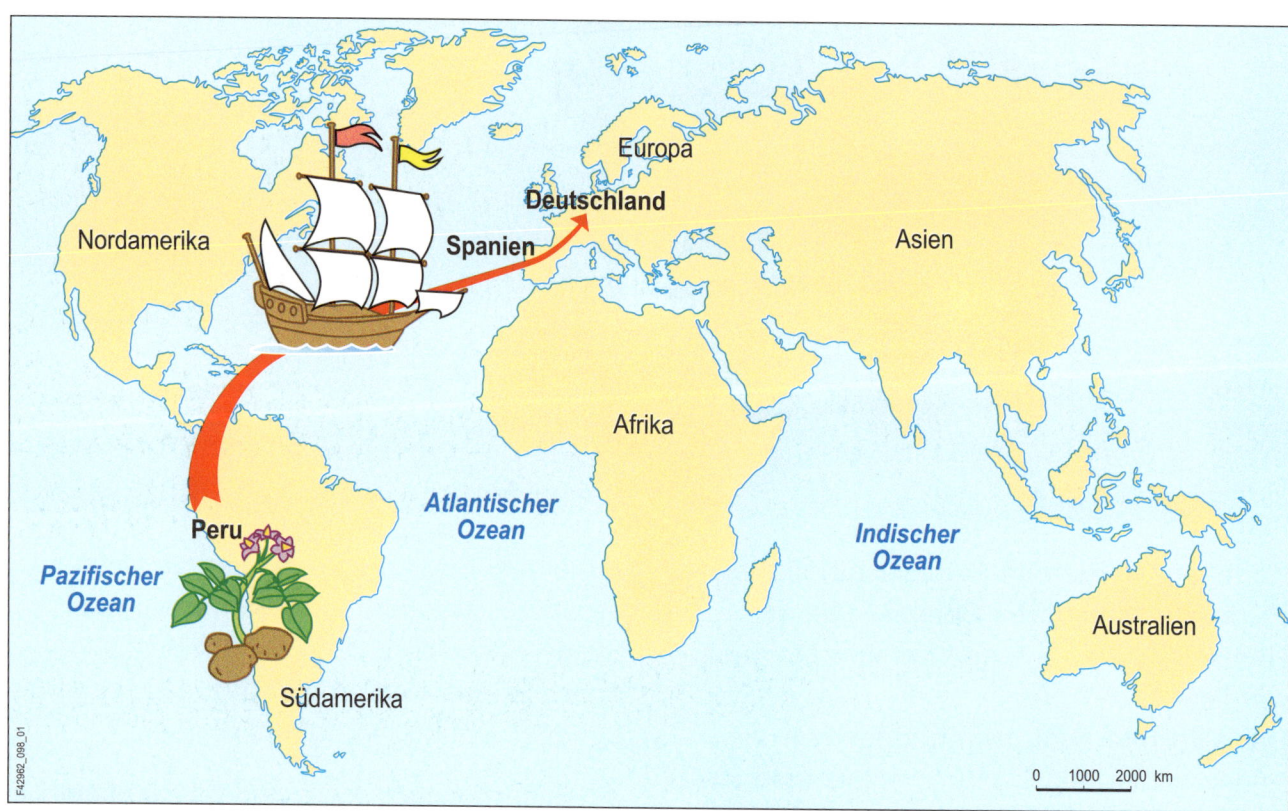

Kartoffelblüte

Die Kartoffel stammt aus Peru in Südamerika. Dort bauten die Indianer schon vor über 2000 Jahren diese Pflanze im Hochgebirge an.

Als die Spanier das Land eroberten, sahen sie, dass die Indianer getrocknete Kartoffeln als Verpflegung hatten. Später nahmen die Spanier Kartoffelknollen als Nahrungsvorrat auf ihre langen Entdeckungsreisen mit.

Die Kartoffel wurde so vor ungefähr 500 Jahren von den Spaniern nach Europa gebracht. Sie hielten die Kartoffelknollen für eine Art Trüffel, einen knollenartigen, im Erdboden wachsenden Pilz, und nannten sie daher Taratoufli. Aus dem spanischen Wort entwickelte sich der Name Kartoffel.
Über 100 Jahre lang wurde die Kartoffel in Europa nur als Zierpflanze wegen ihrer schönen weißen, rosa und lila farbenen Blüten in Gärten und Parks angepflanzt.

1 Finde Südamerika, Peru und Spanien auf einer Weltkarte oder einem Globus.

■ Die Kartoffel, Seite 46/47

Der preußische König Friedrich II., auch bekannt als der „Alte Fritz", erkannte damals den Wert der Kartoffel für die menschliche Ernährung. Er wollte seine Bauern davon überzeugen, Kartoffeln anzubauen. Deshalb aß er warme Kartoffeln in aller Öffentlichkeit auf dem Balkon seines Schlosses.

Die Bauern jedoch bauten Kartoffeln nur widerwillig an und fütterten zunächst nur ihre Schweine damit. Sie dachten, die Pflanze sei giftig und konnten sich nicht vorstellen, dass die Knollen in der Erde essbar und gesund sind.

Mit einer List soll der König deshalb versucht haben, die Bauern für die Kartoffeln zu interessieren: Er ließ rund um Berlin Kartoffelfelder anlegen und zum Schein tagsüber von Soldaten bewachen. Als die neugierigen Bauern das sahen, glaubten sie, dass Kartoffeln wertvoll seien. Sie schlichen nachts auf diese Felder, stahlen die Kartoffelknollen und pflanzten sie auf ihren Feldern an. Genau das wollte der König mit seinem Vorhaben erreichen.

Diese Geschichten werden erzählt, wobei nicht geklärt ist, ob alles wirklich so stattfand. Gesichert ist, der König ließ Kartoffeln verteilen und befahl den Bauern, sie anzupflanzen. Der König selbst kontrollierte, ob sein „Kartoffelbefehl" von den Bauern auch umgesetzt wurde.

Etwa seit 1770 wurde die Kartoffel in Preußen als allgemeines Nahrungsmittel angebaut.

Heute ist sie weltweit eines der wichtigsten Nahrungsmittel.

2 Schau dir die beiden Soldaten auf dem Bild genau an. Überlege, warum sie nicht auf das Feld schauen.

Kartoffelbefehl

„Es ist ... die Anpflanzung der sogenannten Tartoffeln als ein nützliches und so wohl für die Menschen, als Vieh auf sehr vielfache Art dienliches Erd Gewächse, ernstlich anbefohlen."

Die Wiese

Frühlingswiese

Sommerwiese

Mähen einer Wiese

Heuernte

Vor vielen tausend Jahren gab es in Europa noch keine Wiesen. Die Landschaft war fast ganz von Wäldern bedeckt. Erst als die Menschen Teile der Wälder abholzten, um den Boden für sich zu nutzen, entstanden allmählich Wiesen.

Die Pflanzen der Wiese enthalten viele Nährstoffe. Ein- oder zweimal im Jahr werden sie abgemäht und frisch oder getrocknet als Heu an das Vieh verfüttert. Das Mähen schadet den Pflanzen nicht. Sie wachsen immer wieder nach. Zu häufiges Mähen und Düngen vertragen viele Wiesenpflanzen jedoch nicht.
Sie gehen ein. Es bleiben nur wenige Pflanzenarten übrig.

■ Tiere und Pflanzen der Wiese, Seite 52/53
■ Wir legen ein Herbarium an, Seite 54/55

▶ Arbeitsheft: Seite 12 und 13
○ Lernsoftware: Nr. 21, 22 und 23

Entdecke die Wiese

Auf einer Wiese kannst du viel entdecken. Nimm einen Block und Stifte für Zeichnungen und für Notizen mit.

1 Kennzeichne ein Stück Wiese mit einer Schnur. Notiere, was du entdeckst. Skizziere eine Pflanze möglichst genau.

Eine Wiese im Kübel

1 Vermische drei Teile Blumenerde und einen Teil Sand und fülle die Mischung in den Maurerkübel.

2 Säe eine Wiesenmischung aus.

3 Befeuchte vorsichtig die Erde.

4 Stelle den Kübel an einen sonnigen Platz auf dem Schulhof. Beobachte regelmäßig.

Tiere und Pflanzen der Wiese

Insekten:

Dukatenfalter

Blutwidderchen

Hummel

Honigbiene

Wespe

Heuschrecke

Bockkäfer

Spinnen:

Zebraspinne

Weichtiere:

Bänderschnecke

Säugetiere:

Feldmaus

Die Wiese bietet Lebensraum für viele Tiere. Sie leben in verschiedenen Bereichen der Wiese.

Insekten sehen sehr unterschiedlich aus. Alle haben sie aber einen dreigliedrigen Körper mit Kopf, Brust, Hinterleib und sechs Beinen. Die meisten Insekten ernähren sich vom Nektar der Wiesenblumen.

Insekten finden in der Wiese Nahrung, sind aber auch Nahrung für andere Tiere. So bauen Spinnen auf Wiesen ihre Netze, um darin Insekten zu fangen. Diese Netze sieht man besonders gut im Spätsommer, wenn Tautropfen an den Fäden hängen. Spinnen erkennt man an ihren acht Beinen. Schnecken ernähren sich von Pflanzenteilen. Das feuchte Gras der Wiese schützt sie vor dem Austrocknen.

Die Feldmaus ernährt sich von Gräsern, Kräutern und Samen, auf Feldern auch von Getreide. Die Feldmaus ist ein Säugetier. Sie hat ein Fell und vier Beine.

1 Suche die Tiere im Bild auf Seite 50 und 51.

■ Die Wiese, Seite 50/51
■ Schnecken, Seite 60/61
■ Vom Ei zum Schmetterling, Seite 64/65

○ Lernsoftware: Nr. 21, 22 und 23

Glockenblume

Hahnenfuß

Kamille

Schafgarbe

Wiesensalbei

Wiesenklee

Wiesen-
fuchsschwanz

Knäulgras

Auf einer Wiese wachsen Blumen und Gräser. Viele Blumen kann man gut an der Farbe und der Form ihrer Blüten erkennen. Gräser haben keine auffälligen Blüten. Sie sind nur schwer zu unterscheiden.
Die Blumen sind eine wichtige Nahrungsquelle für viele Tiere.
Dies wird besonders am Beispiel der Wilden Möhre deutlich. Der Nektar, das ist der süße Blütensaft, wird z. B. von Schwebfliegen (1) aufgesaugt. Raupen (2), Schnecken (3) und Heuschrecken (4) fressen die Blätter. Der Pflanzensaft in den Stängeln ist die Nahrung von Blattläusen (5). Marienkäfer (6) und ihre Larven fressen die Blattläuse. Ameisen (7) dagegen mögen den süßen Saft, den Blattläuse ausscheiden, besonders gern.
Die Wilde Möhre erkennt man meistens an der winzigen dunklen Blüte in der Mitte des weißen Blütenstandes.

2 Finde die Wiesenblumen auf Seite 50 und 51. Versuche mithilfe von Bestimmungsbüchern die Namen weiterer Wiesenpflanzen zu bestimmen.

■ Wir beobachten Schnecken, Seite 62/63   ▶ Arbeitsheft: Seite 14 und 15

Wir legen ein Herbarium an

Ein Herbarium ist eine Sammlung getrockneter und gepresster Pflanzen. Es dient dazu, Pflanzen zu bestimmen und besser kennen zu lernen.

Sammeln

1 Gehe auf eine Wiese und finde heraus, welche Pflanzen dort wachsen. Nutze dazu ein Bestimmungsbuch. Beachte, dass einige Pflanzen geschützt sind.

Tipp: Schneide die Pflanze vorsichtig ab oder grabe sie mit der Wurzel aus. Notiere Fundort, Datum und Besonderheiten.

Säubern

2 Klopfe vorsichtig die Erde von den Wurzeln ab. Dicke Wurzeln solltest du längs zerschneiden.

Tipp: Nutze eine Zeitung als Unterlage.

Pressen

3 Lege die Pflanzen einzeln zwischen zwei Lagen Zeitungs- oder Löschpapier.
Stapele dann mehrere schwere Bücher auf die Papierlagen.

Tipp: Achte darauf, dass keine Pflanzenteile geknickt werden.

Presse die Pflanzen ungefähr vier Wochen lang.

Tipp: Du kannst auch eine Pflanzenpresse benutzen.

■ Die Wiese, Seite 50/51
■ Tiere und Pflanzen der Wiese, Seite 52/53

Beschriften

4 Erstelle ein Herbariumsblatt. Nutze deine Notizen. Nimm ein weißes DIN-A4-Blatt. Schreibe in die untere rechte Ecke:
- Pflanzenname
- Name des Finders
- Fundort
- Bemerkungen

Tipp: Verwende eine gut lesbare Schrift.

Befestigen

5 Nimm nach vier Wochen die gepressten Pflanzen aus dem Papier heraus.
Befestige sie mit durchsichtigem Klebeband auf dem passend vorbereiteten Herbariumsblatt.

Tipp: Bereite dafür dünne Klebebandstreifen vor.

6 Präsentiere dein Herbarium in der Klasse.

Übrigens

Wiese als Wandfries

Klebt die gepressten Wiesenpflanzen mit Leimstift oder Tapetenkleber auf. Schneidet aus Tonpapier Streifen, die eingeschnitten und über Stift aufgerollt das Gras darstellen.
Bilder von Schmetterlingen werden nach dem Ausschneiden an den Flügeln angeknickt. So wirkt eure Wiese lebendig.

Pflanzen verbreiten sich

Gekaufte Blumenerde enthält keine Pflanzen, Früchte oder Samen. Wenn man Blumenerde in einer Schale im Sommer nach draußen stellt, wachsen nach einigen Wochen in dieser Erde trotzdem Pflanzen. Aber wie sind sie dort hingelangt?

Die Früchte von Pflanzen werden durch Tiere und den Wind verbreitet. Manche Pflanzenarten können ihre Samen über eine kurze Distanz wegschleudern.

Wahlpflicht

	**Verbreitung durch den Wind** Der Wind kann manche Früchte über sehr große Entfernungen transportieren.	 Huflattich · Bergahorn
	**Verbreitung durch Tiere** Früchte werden von Tieren als Nahrung aufgenommen und die Samen an anderen Stellen mit dem Kot abgesetzt.	  Holunder · Weißdorn
	Früchte werden von Tieren als Vorrat in ihrem Revier versteckt.	  Haselnuss · Eichel
	Früchte bleiben im Tierfell hängen und fallen an anderen Stellen ab.	  Filzige Klette · Kletten-Labkraut
	**Selbstverbreitung** Samen werden von der Pflanze weggeschleudert.	Veilchen · Stinkender Storchschnabel

1 Überlege, welche Eigenschaften eine Frucht haben muss, damit sie vom Wind verbreitet werden kann.

Pflanzen vermehren

Stecklinge

Das Fleißige Lieschen lässt sich über Stecklinge gut vermehren.

1 Schneide von einem Fleißigen Lieschen Stecklinge von 8 cm ab.

2 Stelle die Sprossen in ein Glas mit Wasser. Nach einiger Zeit bilden sich an den Schnittstellen kleine Wurzeln.

3 Wenn die Stecklinge einige Wurzeln haben, pflanze sie vorsichtig in einen Topf mit feuchter Erde. Stelle die Pflanzen an einen hellen Ort.

Ableger

Die Grünlilie ist eine bekannte Zimmerpflanze. Sie bildet kleine Tochterpflanzen, die Ableger genannt werden.

1 Trenne mit einer Schere mehrere Ableger von einer Grünlilie ab.

2 Setze die Ableger in Töpfe mit feuchter Erde. Stelle die kleinen Pflanzen an einen hellen Ort.

Samen

Natürlich kann man auch Pflanzen aus Samen ziehen. Samen können selbst gesammelt werden oder in kleinen Tütchen gekauft werden. Unser Beispiel zeigt die Sonnenblume.

1 Verteile die Samen gleichmäßig auf feuchter Erde. Bedecke sie dann mit wenig Erde.

2 Halte die Erde immer feucht und stelle den Blumentopf an einen hellen Ort. Die Sonnenblume kannst du in den Garten pflanzen.

o Lernsoftware: Nr. 25

Wahlpflicht

Jahrtausendpflanzen

Jahrtausendpflanzen sind Pflanzen, die von den Menschen schon seit langer Zeit angebaut werden. Wir nutzen sie für unsere Ernährung, als Gewürz- und Heilmittel, aber auch als Baumaterial und Tierfutter. Viele Jahrtausendpflanzen werden in der Bibel erwähnt und werden schon seit mehreren Tausend Jahren genutzt.

Der Olivenbaum oder Ölbaum wurde schon zur Zeit der Bibel hoch geschätzt, weil er den Menschen Nahrung und Brennstoff lieferte. Solch ein Baum kann ein Alter von 1000 Jahren erreichen. Die Oliven, die Früchte des Olivenbaumes, sind unreif grün gefärbt. Reife Oliven haben eine schwarze oder violett-braune Farbe. Oliven enthalten Bitterstoffe und sind erst nach mehrmaligem Einlegen in Salzwasser genießbar. Hauptsächlich wird aber Öl aus Oliven gewonnen. Es wird zum Kochen, Braten und für Salate, aber auch als Bestandteil von Körperpflegemitteln (z. B. Hautcreme) genutzt. Zu biblischen Zeiten diente das Olivenöl auch als Brennstoff für Öllampen.

1 Geht in einen Supermarkt. Schaut dort, in welcher Form Oliven als Lebensmittel angeboten werden. Notiert die Namen der Lebensmittel.

Essen – zu Zeiten der Bibel

Bereitet gemeinsam eine Ausstellung mit pflanzlichen Lebensmitteln vor, die bereits in der Bibel erwähnt werden.

Weintrauben, Linsen, Bohnen, Erbsen, Minze, Kümmel, Dill, Kapern,...

■ Wir legen ein Herbarium an, Seite 54/55

58

Wahlpflicht

Feigen wachsen an sommergrünen Sträuchern oder kleinen Bäumen. Feigen können mehrmals im Jahr geerntet werden. An einem Baum können reife und unreife Feigen hängen. Die süßen, saftigen Früchte können frisch, getrocknet oder geröstet gegessen werden.

Datteln sind die Früchte der Dattelpalme. Die immergrüne etwa 10 bis 20 m hohe Palme ist eine Wüstenpflanze, die viel Sonne benötigt. Die süßen Früchte können frisch oder getrocknet gegessen, aber auch zu Brot oder Sirup verarbeitet werden. Die Blätter werden zu Seilen, Körben und Matten verarbeitet.

Der Granatapfel ist ein kleiner Strauch oder Baum. Seine reifen orangeroten Früchte sind ein Symbol für Liebe und Schönheit. Eine Granatapfelfrucht enthält etwa 400 einzelne mit Fruchtfleisch umhüllte Samen. Sie können frisch gegessen oder gepresst als Saft getrunken werden. Die rote Schale diente als Färbemittel für Stoffe.

Die Eiche ist für die Menschen ein Sinnbild für Lebenskraft, da sie über 100 Jahre alt werden kann. Die Germanen verehrten die Eiche, die dem Donnergott Donar (Thor) geweiht war. Die alten Griechen weihten Eichen ihrem Gott Zeus. Christen stellten unter Eichen Heiligenbilder auf.

In den früheren Jahrhunderten lag der Wert der Eiche für die Menschen weniger in ihrem Holz, sondern in ihren Früchten. Die Eicheln waren damals das wichtigste Futter für die Schweine. Schweinehirten trieben ihre Schweineherden in die Eichenwälder. Die Bauern, denen die Schweine gehörten, zahlten dafür Mastgeld an den Grundherren, die Besitzer der Eichenwälder.
Um 1500 änderte sich die Nutzung der Eiche, die Eichelmast ging zu Gunsten der Holznutzung zurück. Da Eichenholz sehr hart und haltbar ist, wurde es früher zum Bau von Gebäuden und beim Schiffbau verwendet.

Die Eichenrinde fand Verwendung beim Gerben von Leder und als Heilmittel gegen Krankheiten.

2 Informiere dich über eine Jahrtausendpflanze. Präsentiere sie den Kindern deiner Klasse.

Stieleiche

Schnecken

Weinbergschnecken leben in Weinbergen, in Laubwäldern und auf Wiesen. Weinbergschnecken sind Weichtiere. Sie haben keine Knochen. Ihre Körper schützen sie durch Gehäuse. Weinbergschnecken benötigen eine feuchte und warme Umgebung. Hauptsächlich nachts und an feuchten Tagen kommen sie aus ihrem Versteck und suchen nach Nahrung. Weinbergschnecken fressen Pflanzen und kalkhaltige Erde. Der Kalk ist wichtig für den Gehäuseaufbau.

Im Juli oder August gräbt die Weinbergschnecke mit ihrem Fuß ein Loch in die Erde. Das ist für sie sehr anstrengend. Sie braucht dazu fast einen ganzen Tag. In dieses Loch legt sie 60 bis 70 durchsichtige Eier. Anschließend bedeckt sie das Loch wieder mit Erde.

Nach ungefähr 28 Tagen schlüpfen aus den Eiern die jungen Weinbergschnecken. Sie sind noch sehr klein und haben durchsichtige Gehäuse. Nun braucht die kleine Schnecke drei Jahre bis sie ausgewachsen ist.

Im Winter wühlt sich die Weinbergschnecke in lockere, mit Laub und Moos bedeckte Erde ein. Sie zieht sich dann in ihr Haus zurück und verschließt es mit einem festen Kalkdeckel. Der Deckel schützt die Weinbergschnecke vor dem Austrocknen. So verbringt sie drei bis vier Monate. Im Frühling stößt sie den Deckel mit ihrem Fuß wieder ab.

■ Tiere und Pflanzen der Wiese, Seite 52/53
■ Wir beobachten Schnecken, Seite 62/63
▶ Arbeitsheft: Seite 16

Dies sind Landschnecken, die bei uns recht häufig vorkommen:

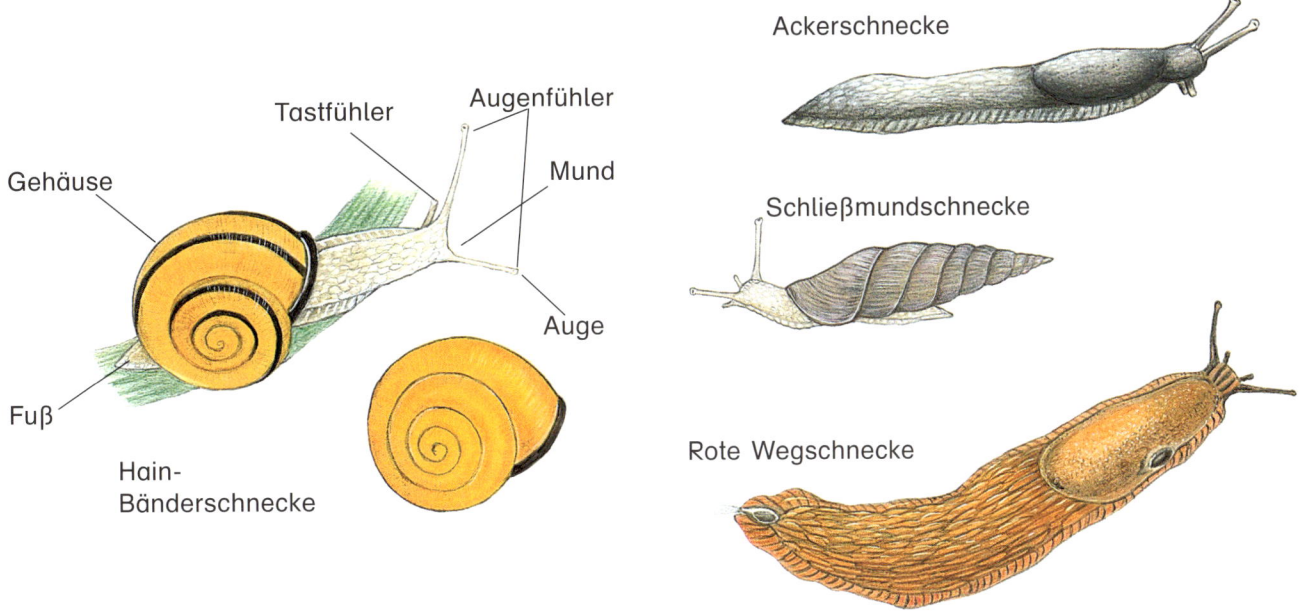

1 Beschreibe, wie eine Schnecke aussieht. Vergleiche die abgebildeten Schnecken miteinander.

2 Schau an regnerischen Tagen auf Wiesen, an Wegrändern und im Garten nach. Welche Schnecken entdeckst du?

Wir halten Schnecken

Landschnecken kannst du in einem Terrarium beobachten.

Du brauchst dazu:

einen größeren Glasbehälter

Gras

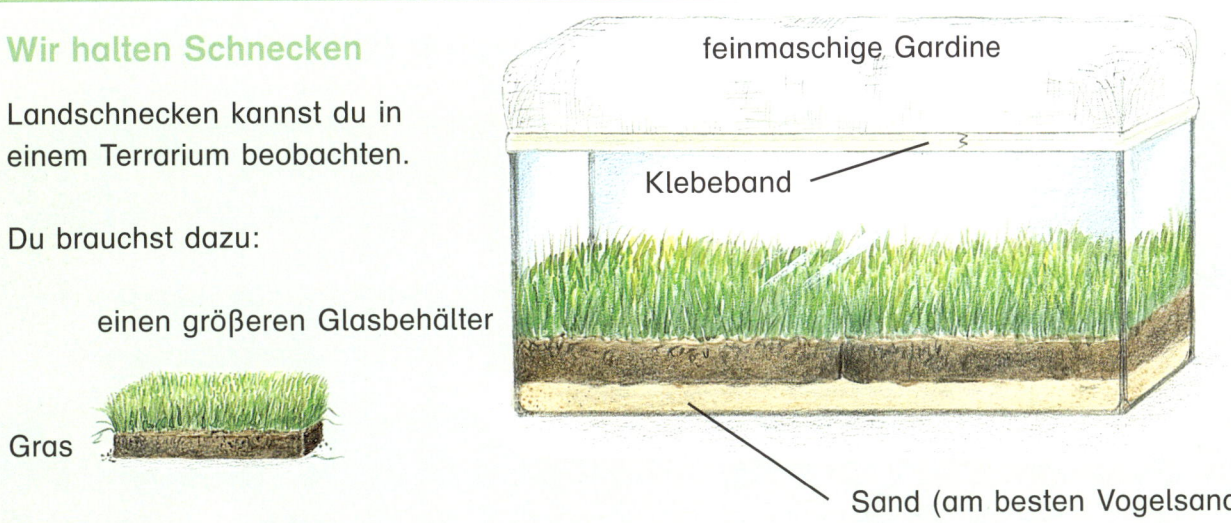

Außerdem brauchst du noch: Sprühflasche, Futter und natürlich Schnecken.
Das musst du beachten:

1 Befeuchte das Gras gut mit der Sprühflasche.

2 Setze nur wenige Schnecken in das Terrarium.

3 Stelle das Terrarium in den Schatten.

4 Halte es immer gut feucht.

5 Füttere und beobachte die Schnecken regelmäßig.

6 Bringe sie nach ein bis zwei Wochen an die Fundstelle zurück.

Wir beobachten Schnecken

Ihr braucht für diese Schneckenbeobachtungen verschiedene Schnecken. Bringt die Schnecken danach wieder an den Fundort zurück.

A Schneckenhäuser sammeln und vergleichen

1 Sammelt und vergleicht Schneckengehäuse verschiedener Schnecken.
2 Ihr könnt das Alter der Schnecke an den „Jahresringen" abschätzen, denn das Gehäuse wächst mit der Schnecke.
3 Findet ihr einen „Schneckenkönig"? Das sind Gehäuse die nicht wie üblich rechtsgedreht sondern linksgewunden sind.

C Was frisst eine Schnecke?

1 Bietet einer Schnecke verschiedene Nahrungsmittel an.
2 Beobachtet, wohin sie sich bewegt und was sie am liebsten frisst.

E Wie sieht und fühlt eine Schnecke?

1 Betrachtet eine Schnecke mit einer Lupe. Was erkennt ihr an den Fühlern?
2 Berührt die Fühler mit einem Wattestäbchen. Was passiert?
3 Wie reagiert die Schnecke auf Taschenlampenlicht?

B Wie kriecht eine Schnecke?

1 Schnecken sondern zum Kriechen einen Schleim aus einer Drüse ab.
2 Setzt eine Schnecke auf eine Glasplatte. Schaut von unten, wie sie kriecht. Könnt ihr den Schleim erkennen?
3 Was beobachtet ihr, wenn ihr die Glasplatte senkrecht haltet?

D Wie frisst eine Schnecke?

1 Stellt einen Mehlwasserbrei her, indem ihr einen Teelöffel Mehl mit wenig Wasser verrührt.
2 Streicht den Brei auf eine Glasplatte.
3 Setzt die Schnecke dazu.
4 Beobachtet von unten, wie die Schnecke frisst.

F Wie hört eine Schnecke?

1 Schlagt in der Nähe einer Schnecke einen Triangel oder Klangbaustein an.
2 Beobachtet, wie die Schnecke reagiert.

■ Schnecken, Seite 60/61

G Wie balanciert eine Schnecke?

1 Stellt zwei Bausteine hochkant auf den Tisch.
2 Legt darauf einen Strohhalm.
3 Setzt die Schnecke auf den Strohhalm und beobachtet, was geschieht.

I Wie überwindet eine Schnecke Hindernisse?

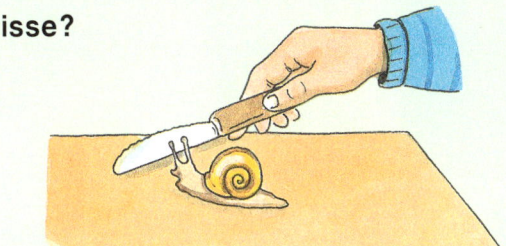

1 Lasst eine Schnecke über die Klinge eines Messers kriechen.
2 Was könnt ihr beobachten?
3 Versucht eure Beobachtung zu erklären.

Präsentation zum Thema Schnecke

Erstellt in Gruppen eine Präsentation zum Thema „Schnecke". Nutzt dazu Steckbrief, Ausstellungstisch, Kurzvortrag oder einen eigenen Schneckenversuch.

H Wie schnell kann eine Schnecke kriechen?

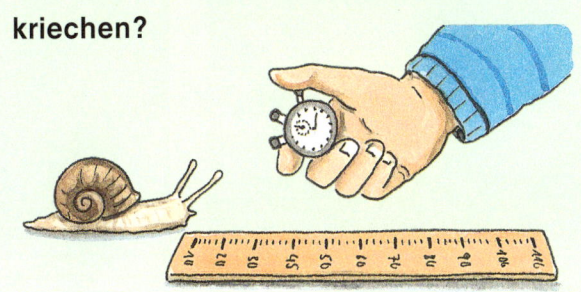

1 Legt eine Strecke fest, die eine Schnecke zurücklegen soll. Beobachtet, wie schnell sich die Schnecke fortbewegt. Stoppt dazu die Zeit.
2 Lasst eine andere Schnecke den gleichen Weg zurücklegen. Vergleicht die Zeit.

J Wie fühlt sich eine Schnecke an?

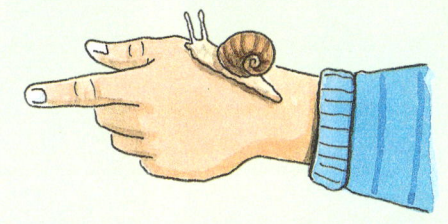

1 Setzt euch eine Schnecke auf die Hand. Wie fühlt sie sich an?
2 Dreht eure Hand vorsichtig hin und her. Was passiert?

Ein Schneckenquiz anfertigen

Testet euer Schneckenwissen mit einem selbst erstellten Schneckenquiz. Schreibt dazu viele Fragen zum Thema auf Kärtchen und lasst dies von euren Mitschülern beantworten.

Vom Ei zum Schmetterling

Im Frühsommer auf der Unterseite von Brennnesselblättern ...

Das sind
die Eier des
Tagpfauenauges.
Aus den Eiern schlüpfen ...

... die Raupen.
Sie fressen von den
Brennnesseln und
wachsen. Dabei ...

... häuten
sie sich mehrmals
und wechseln ihre
Farbe.

Nach fünf Wochen
verpuppt sich die Raupe.
In der Puppe verwandelt
sich die Raupe.

Zwei Wochen
später ist die
Verwandlung beendet. Die
Puppenhülle ...

... reißt
auf und der
Schmetterling
schiebt sich ...

... ganz langsam aus der
Hülle heraus.

Schmetterlinge ernähren sich von Blütennektar.

1 Erkläre die Entwicklung vom Ei bis zum Schmetterling.

2 Beschreibe das Aussehen des Tagpfauenauges.

■ Tiere und Pflanzen der Wiese, Seite 52/52

▶ Arbeitsheft: Seite 17 und 18
○ Lernsoftware: Nr. 24

Das sind einige Schmetterlingsarten, die bei uns vorkommen:

Admiral, auf Blüten, besonders in Gärten und an Waldrändern.

Kleiner Fuchs, auf Blüten in Gärten, überwintert als Schmetterling.

Distelfalter, auf Blüten, besonders Disteln und Sommerflieder.

Zitronenfalter, einer der ersten Schmetterlinge im Jahr, überwintert als Schmetterling.

3 Betrachte die Schmetterlinge und lies die Texte. Nenne Besonderheiten.

Übrigens

Alle einheimischen Schmetterlinge ernähren sich von Blütennektar. Der Sommerflieder hat besonders nektarreiche Blüten und ist eine bevorzugte Nahrungsquelle für viele Schmetterlinge. Er wird deshalb auch Schmetterlingsflieder genannt. Sommerflieder und andere nektarreiche Blütenpflanzen in eurem Garten liefern Nahrung für viele Falter.

Wohnraum für Tiere

Wenn du Wohnraum für Tiere schaffen willst, suche ruhige, sonnige Plätze. Am besten eignet sich das Frühjahr.

Hummelnest

Moos

1.

Steinhummel (vergrößert)

Du brauchst: einen Blumentopf, Sägespäne, die nach Mäusen riechen (aus der Tierhandlung) oder Moos, ein kleines Brett als Regenschutz, Steine

Ohrwürmertopf

Du brauchst: einen Blumentopf, Holzwolle, einen Stock und Bindfaden

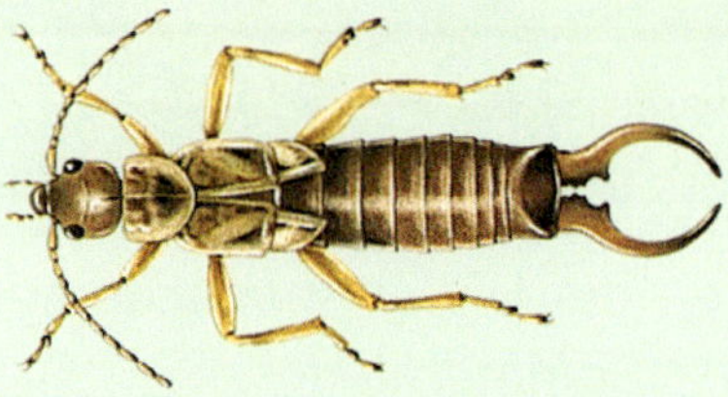

Ohrenkneifer (vergrößert)

1.

2.

3.

4.

5.

Die Zweige müssen den Topf berühren, damit die Ohrwürmer hineinkrabbeln können.

■ Tiere und Pflanzen der Wiese, Seite 52/53
■ Schnecken, Seite 60/61

Ein Haus für Mauerbienen

1. Löcher bohren, eindrücken

2. Auf den großen Stein setzen

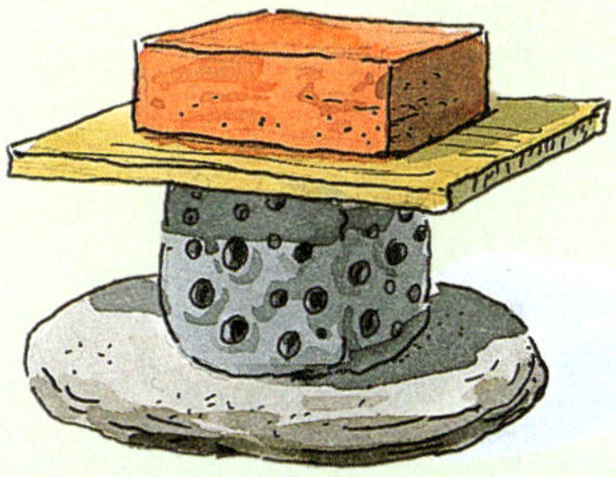

3. Das Brett als Dach aufsetzen und mit dem Ziegelstein beschweren

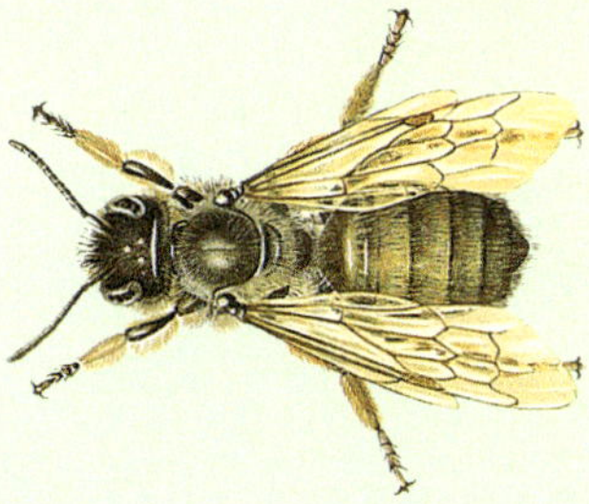

Du brauchst: einen Klumpen Ton (etwa Ziegelsteingröße), Hölzchen, Bleistifte, Nägel, ein kleines Brett, einen großen flachen Stein oder einen Ziegelstein

Mauerbiene (vergrößert)

Wohnröhren für Bienen

Du brauchst: Holunderzweige, Strohhalme oder Schilf, Bindfaden

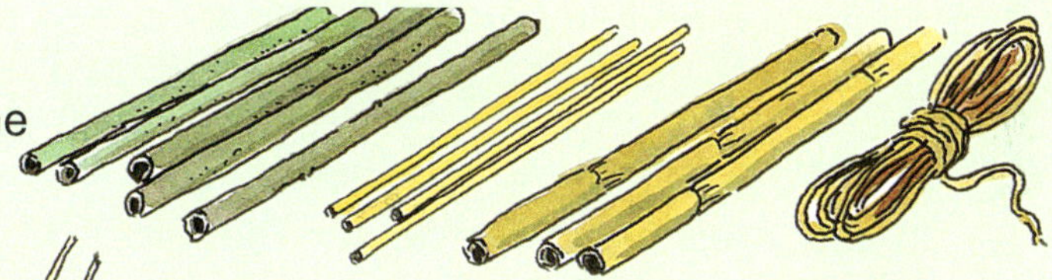

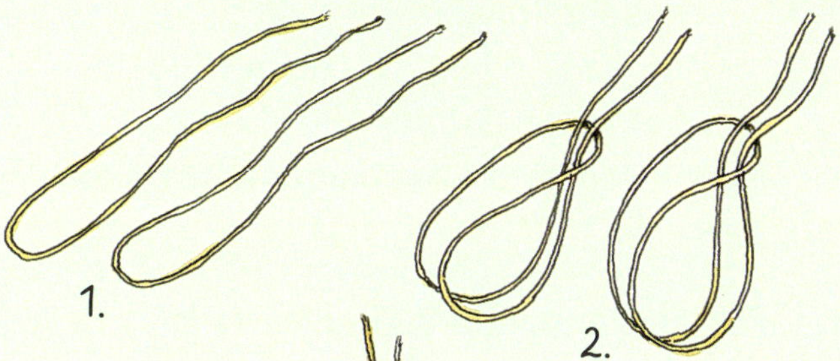

1.

2.

3.

4.

Blattschneiderbiene (vergrößert)

Teste dein Wissen

1 Schreibe nur in dein Sachunterrichtsheft. Notiere zuerst die Überschrift dieser Seite. Dann schreibst du jeweils die Nummer und den Buchstaben der Aufgabe auf und dahinter die Antwort.

A Bei uns werden hauptsächlich fünf Getreidesorten angebaut. Die Anfangsbuchstaben helfen dir:
Ro – Ha – Ge – We – Ma

B Die Wiese ist ein Lebensraum für viele Tiere. Notiere für jede Tiergruppe zwei Beispiele:
Insekten, Spinnen, Säugetiere

C Landschnecken kommen in unserer Region häufig vor. Finde die drei Schnecken. Füge die Silben zusammen.
Ro-, Schließ-, Weg-, -er, -te, -mund, Ack- , -schnecke, -schnecke, -schnecke

2 Benutze dein Sachunterrichtsheft. In jedem Kasten steht ein Begriff, der nicht zu den anderen passt. Notiere jeweils Nummer und Buchstaben der Aufgabe und dahinter die Antwort.

D – Weizen
– Hafer
– Kartoffel
– Mais

E – Mehl
– Brot
– Zucker
– Brötchen

F – Mutterknolle
– Ähre
– Ausläufer
– Auge

3 Benutze dein Sachunterrichtsheft. Prüfe die Richtigkeit der Sätze. Notiere jeweils Nummer und Buchstaben der Aufgabe und dahinter die richtigen Aussagen.

G – Kartoffeln sind heute nur Zierpflanzen.
– In Brauereien wird Gerste zur Bierherstellung benötigt.
– Im Silo lagert der Landwirt gehäckselten Mais.

H – Häufiges Mähen und Düngen schadet Wiesenpflanzen.
– Auf einer Wiese wachsen Blumen, aber keine Gräser.
– Wiesen sind Lebensräume für Tiere.

4 Die Sätze im Textrahmen beschreiben, wie sich ein Schmetterling entwickelt. Lies die Sätze genau. Finde nun die richtige Reihenfolge. Schreibe dann die Sätze in der richtigen Reihenfolge in dein Sachunterrichtsheft. Bei richtiger Reihenfolge erhältst du ein Lösungswort aus den Buchstaben in den Klammern.

– Die Raupe verpuppt sich. In der Puppe verwandelt sich die Raupe. (I)
– Dabei häutet sie sich mehrmals und wechselt die Farbe. (M)
– Der Schmetterling schiebt sich ganz langsam aus der Hülle heraus. (L)
– Aus einem Schmetterlingsei schlüpft die Raupe. (A)
– Die Verwandlung ist beendet. (R)
– Die Raupe frisst Brennnesselblätter und wächst. (D)
– Die Puppenhülle reißt auf. (A)

Phänomene der unbelebten Natur

Diese Wetterstation liefert keine verlässlichen Ergebnisse. Finde heraus, wie heute Wetter-vorhersagen erstellt werden.

Wasser tritt in der Natur in verschiedenen Formen auf. Nenne die Form des Wassers, die du auf dem Bild erkennst.

In diesem Kapitel lernst du folgende Methoden kennen:
- sich im Internet über das Wetter informieren,
- Versuche durchführen,
- experimentieren.

Wetterberichte und Wetterstationen

Wetterstation

Viele Menschen sind vom Wetter abhängig und auf Wettervorhersagen angewiesen. Meteorologen sind Fachleute, die mit modernen technischen Geräten das Wetter erforschen. Viele Messungen und Berechnungen werden durchgeführt, um das Wetter vorherzusagen. Wettersatelliten im Weltraum beobachten das Wetter. Sie senden Fotos und Wetterdaten zur Erde. Unwetter können dadurch rechtzeitig erkannt werden.

Windmesser

Regenmesser

Die Informationen von Wettersatelliten und Wetterstationen werden in Wetterämtern gesammelt und in Computern gespeichert. Mit dem Computer werden die Wettervorhersagen erstellt und die Wetterkarten gezeichnet. Die Bestandteile des Wetters werden durch Symbole dargestellt. Die Winde werden immer nach der Himmelsrichtung benannt, aus der sie kommen. Die Pfeilspitze zeigt in die Richtung, in die der Wind weht.

1 Betrachte die Wetterkarte.
Formuliere eine Wettervorhersage
a) für Dresden,
b) für Deutschland.
Triff dabei Aussagen zu Temperatur, Bewölkung, Niederschlag und Wind.

Satellit im All

Satellitenbild

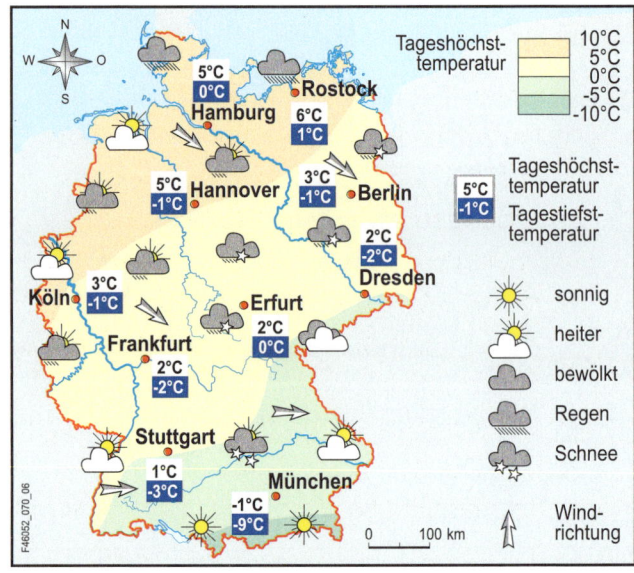

■ Wasser kann sich verwandeln, Seite 74/75
■ Wasser geht nicht verloren, Seite 76/77

▶ Arbeitsheft: Seite 19 und 20
○ Lernsoftware: Nr. 3, 4, 5 und 6

Folgen eines Unwetters

2 Finde heraus, wofür Wettervorhersagen besonders bedeutsam sind.

Regenmesser

1 Für den Regenmesser verwendet ihr z.B. ein Glas mit geraden Wänden und einem ebenen Boden.

2 Stellt euren Regenmesser etwa einen Meter über dem Boden mit genügend Abstand zu Bäumen und Häusern auf.

Windstärkemesser

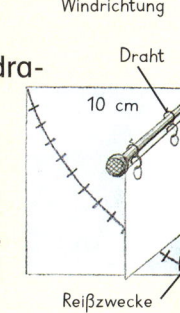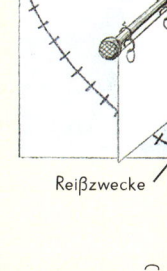

Windrichtung
Draht
10 cm
Reißzwecke
Holzlatte (ca. 40 cm)

1 Zeichnet auf ein quadratisches Stück Pappe eine gebogene Linie. Teilt sie als Skala in gleiche Abstände ein.

2 Befestigt die Pappe mit Reißzwecken an der Latte.

3 Schlagt vorsichtig einen etwa 8 cm langen Nagel in die Latte.

4 Schneidet aus Pappe ein Rechteck zu und locht es an einer Seite. Hängt das Pappstück mit Draht an den Nagel.

Übrigens

Dumpfes Grollen, grelle Blitze und krachende Donner eines Gewitters wirken bedrohlich. Die Blitze sind elektrische Entladungen zwischen Wolken und Erde. Du musst dich nicht vor einem Gewitter fürchten, wenn du weißt, wie du dich richtig bei Gewitter verhältst. Wenn ein Gewitter droht, bleibe im Haus. Dort ist es am sichersten. Auch in einem Auto mit festem Dach und geschlossenen Türen bist du sicher. Wenn dich ein Gewitter im Freien überrascht, solltest du einzeln stehende Bäume und Erhebungen meiden. Suche dir eine Mulde oder Vertiefung. Stelle deine Füße dicht nebeneinander. Geh in Hockstellung und lege die Arme dicht um die Beine. Begib dich immer allein in diese Schutzstellung, nie mit anderen.

Wir informieren uns im Internet über das Wetter

① Die Kinder informieren sich im Internet über das Wetter.
Sie starten die Internetadresse **www.wetteronline.de**. Nach einer kurzen Wartezeit erscheint die Seite auf dem Bildschirm.

② In die Zeile „Das Wetter in ..." geben die Kinder **Sachsen** ein und klicken auf das Zeichen „Suche".

③ In kurzer Zeit wird die Wettervorhersage für den folgenden Tag mit Wetterkarte des gesamten Bundeslandes angezeigt.

④ Klicken die Kinder nun in der Wetterkarte einen bestimmten Ort wie **Dresden** an, werden Wetterradar und die Wettertabelle der Stadt aufgerufen.

1 Informiert euch im Internet über das Wetter in eurem Ort oder der nächstgrößeren Stadt. Nutzt dazu die Hinweise auf dieser Seite.

■ Wetterberichte und Wetterstationen, Seite 70/71   ▶ Arbeitsheft: Seite 19

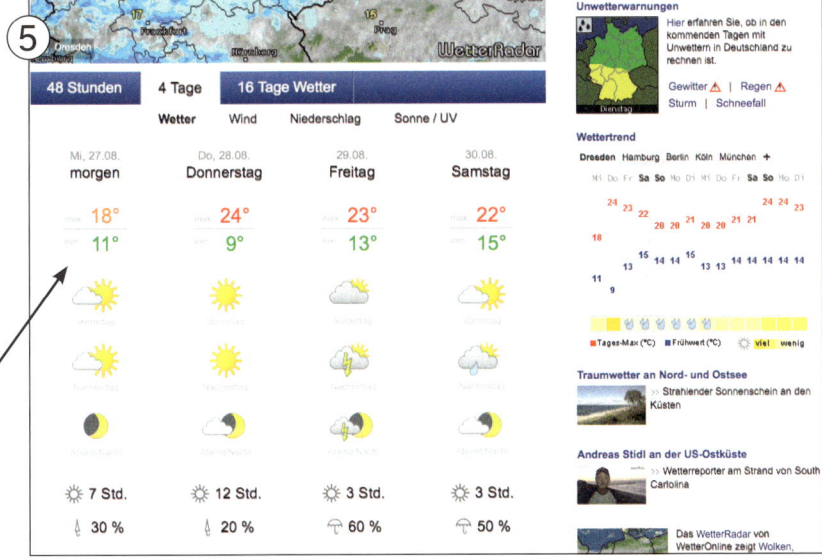

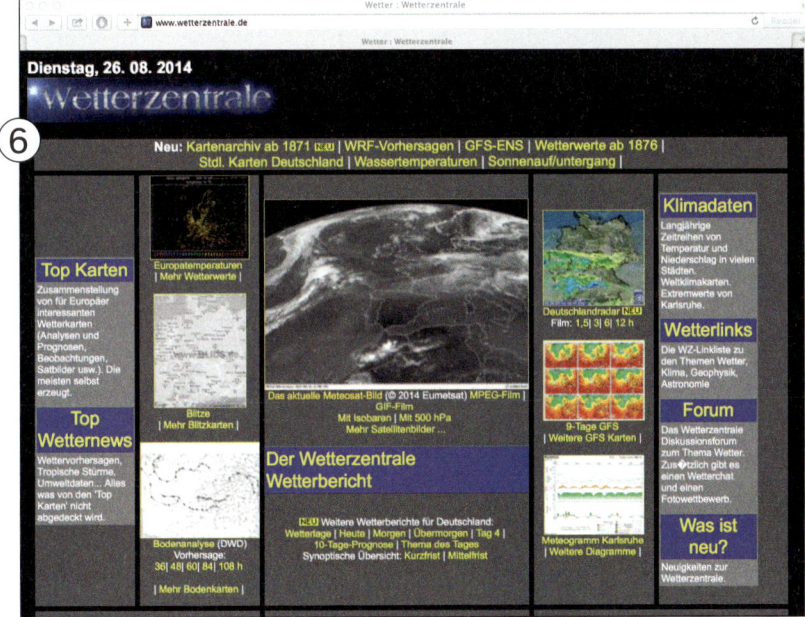

„Januar kalt und rau, nützt dem Getreidebau."

⑤ Die Wettertabelle zeigt hier für Dresden das Wetter für vier Tage an. An den Wettersymbolen lässt sich die Wettervorhersage für die einzelnen Tageszeiten ablesen. Über „16-Tage-Wetter" erhältst du Wetterangaben für die nächstfolgenden Tage. Unter „Webcam" ruft der Computer Kameras auf, die aktuelle Bilder der Stadt zeigen.

⑥ Über die Internetadresse **www.wetterzentrale.de** lässt sich ein Satellitenbild aufrufen. Durch Doppelklick darauf füllt es den ganzen Bildschirm. Häufig bieten Internetseiten Verknüpfungen (so genannte „**Links**") zu anderen Anbietern mit ähnlicher Themenstellung.
Von dieser Seite aus kann zum Beispiel ein Wolkenatlas aufgerufen werden, der alle Wolkenformen auf tollen Fotos zeigt.

⑦ Wetterregeln, auch Bauernregeln genannt, sind durch Wetterbeobachtungen über Jahrhunderte entstanden. Informiere dich im Internet über diese Regeln. Trage einen Suchbegriff, zum Beispiel „Wetterregeln" oder „Bauernregeln" in das Suchfeld einer Suchmaschine ein. Dann werden die gefundenen Seiten und Internetadressen angezeigt und kurz beschrieben. Rufe einige Adressen auf.

Wasser kann sich verwandeln

In der Natur kannst du Wasser in verschiedenen Formen wahrnehmen.

Im Winter, wenn es sehr kalt ist, frieren Seen und Teiche zu. Das zuvor flüssige Wasser erstarrt dann zu Eis. Sobald es wärmer wird, schmilzt das Eis und verwandelt sich wieder in Wasser.

Wenn es im Sommer mehrere Tage sehr heiß war, verändert sich die Wassermenge in unseren Seen und den Teichen. Durch die Hitze ist das Wasser unsichtbar in die Luft verdunstet.

Wasser kommt in der Natur in drei Zustandsformen vor. Es kann flüssig, fest oder gasförmig sein.

Wasser im gasförmigen Zustand ist nicht sichtbar.

1 Beschreibe die Abbildungen. Ordne jedem Foto die richtige Zustandsform des Wassers zu.

2 Betrachte die drei Bilder genau. Welche Veränderungen stellst du fest? Beschreibe.

3 Finde selbst eine Bilderfolge, zum Beispiel aus dem Haushalt, in der sich Wasser verwandelt. Erzähle, skizziere oder fotografiere.

■ Wasser geht nicht verloren, Seite 76/77

▶ Arbeitsheft: Seite 21
○ Lernsoftware: Nr. 42

Wasser in gasförmigem Zustand ist unsichtbar in deiner Atemluft enthalten. Durch den Kontakt mit einer kalten Oberfläche, hier ist es ein Spiegel, wird das gasförmige Wasser wieder flüssig und sichtbar. Der Übergang des Wassers von der gasförmigen in die flüssige Form wird Kondensieren genannt.

Versuch 1

1 Nimm einen Handspiegel und hauche ihn an. Beobachte die Oberfläche des Spiegels. Wiederhole dieses mehrmals.

2 Erkläre, was mit dem Wasser auf dem Spiegel passiert.

Versuch 2

Du brauchst: zwei Schalen, die gleiche Menge Wasser, eine Plastiktüte mit Verschluss.

1 Fülle zwei Schalen mit der gleichen Menge Wasser. Stelle eine Schale in einen Plastikbeutel und verschließe ihn. Stelle beide Schalen in die Sonne oder in die Nähe einer Heizung. Lass die Schalen drei Tage lang stehen.

2 Vermute, was mit dem Wasser in den Schalen passieren wird.

3 Beobachte den Versuch über einen Zeitraum von drei Tagen. Notiere deine Beobachtungen und skizziere sie.

4 Vergleiche deine Ergebnisse mit der Vermutung.

5 Finde eine Erklärung.

Versuch 3

Du brauchst: einen Teller, ein Glas Wasser, einen wasserfesten Stift.

1 Fülle in beide Gefäße die gleiche Menge Wasser und stelle sie in die Sonne oder in die Nähe einer Heizung. Markiere mit einem wasserfesten Stift den Wasserstand.

2 Vermute, wie lange es dauert, bis das Wasser im Teller und im Glas verdunstet ist.

3 Beobachte den Versuch täglich. Schreibe jede Veränderung auf und skizziere deine Beobachtung.

4 Vergleiche deine Ergebnisse mit der Vermutung.

5 Finde eine Erklärung.

Wasser geht nicht verloren

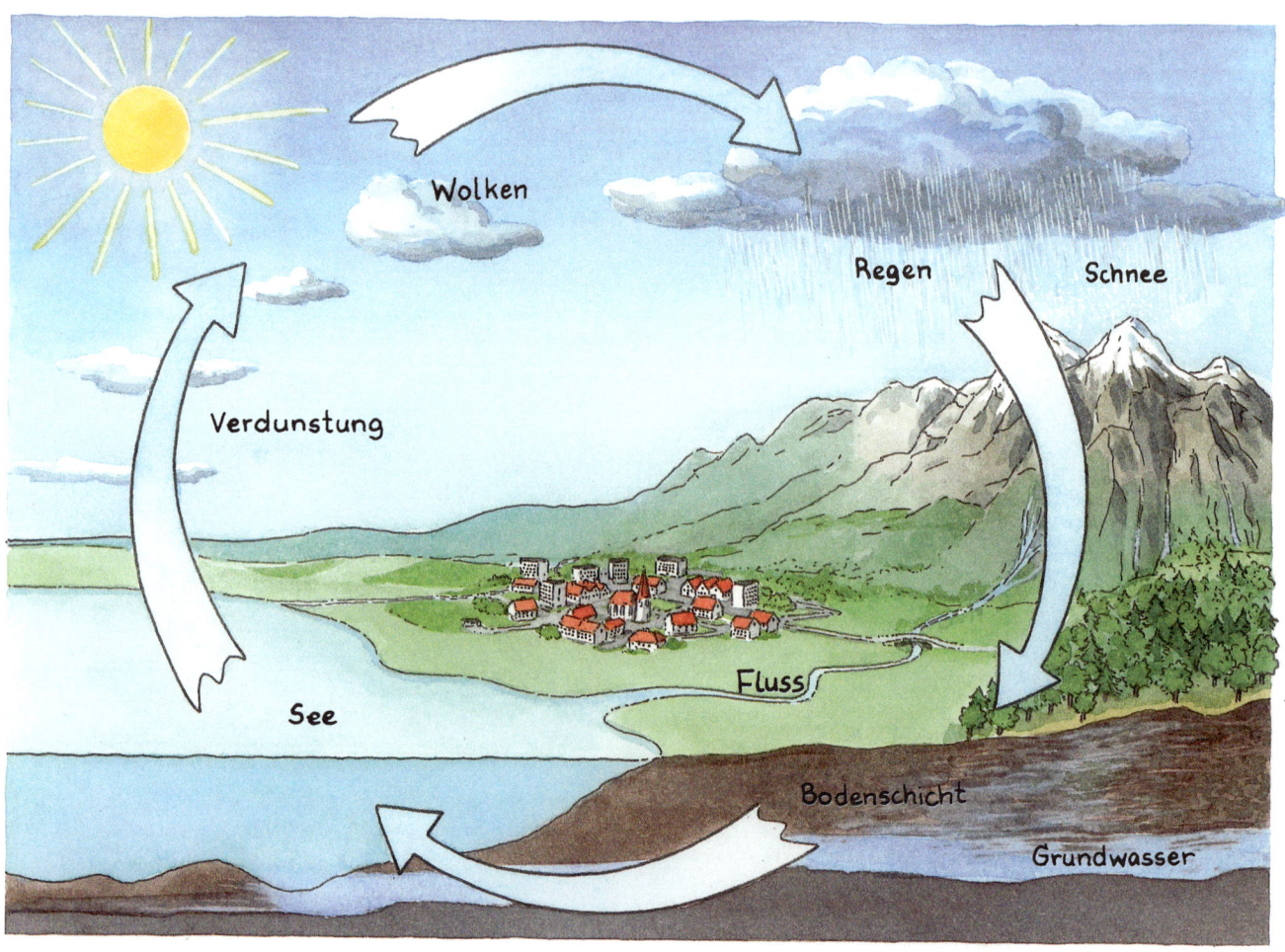

Du hilfst beim Aufhängen der Wäsche. Sie fühlt sich nass und schwer an. Nach einigen Stunden ist die Wäsche getrocknet und leichter geworden. Was ist geschehen? Durch den Einfluss der Sonnenwärme verdunstete das Wasser in der Wäsche.

Überall auf der Erde verdunstet ständig Wasser. Nicht nur aus den Meeren, Seen und Flüssen steigt gasförmiges Wasser (Wasserdampf) auf, sondern von allen feuchten Flächen. Einige trocknen dabei aus, wie zum Beispiel Pfützen auf der Straße.
Aus dem Wasserdampf werden wieder sehr kleine Wassertropfen. Sie bilden Wolken. Aus den Wolken gelangt das Wasser als Niederschlag wieder auf die Erde.
Das Regenwasser sammelt sich in Rinnsalen, Bächen, Flüssen und Seen. Alle Bäche und Flüsse fließen dem Meer zu. Dieses Wasser bildet das Oberflächenwasser, das wir sehen können.
Vom gesamten Wasser der Erde geht kein einziger Tropfen verloren. Es befindet sich immer im dargestellten Kreislauf.

1 Beschreibe, wie das Wasser vom Meer in die Wolken gelangt.

2 Wie gelangt das Wasser wieder auf die Erde?

3 Verfolge und beschreibe den Weg des Wassers von der Quelle bis zum Meer.

4 Skizziere und erkläre den Kreislauf des Wassers.

5 Begründe, warum kein einziger Tropfen Wasser der Erde verloren geht.

■ Wasser kann sich verwandeln, Seite 74/75   ▶ Arbeitsheft: Seite 22
○ Lernsoftware: Nr. 43

Grundwasser und Quellen

Ein großer Teil des Regenwassers versickert im Boden. Dort wird das Wasser von den Pflanzen aufgenommen oder dringt in immer tiefer liegende Bodenschichten ein. Die Zeichnung zeigt einen Schnitt durch verschiedene Bodenschichten: Humus, Sand, Kies, Ton. Manche Bodenschichten lassen das Wasser hindurch. Andere Bodenschichten sind wasserundurchlässig. Über diesen sammelt sich das Regenwasser als Grundwasser. An manchen Stellen tritt es in Quellen wieder ans Tageslicht.

Im Bodenlabor

Ihr braucht: einen Blumentopf, Humus, Sand, Kies, Ton, ein Einmachglas und ein Gefäß mit Wasser.

1 Überprüft nacheinander die Wasserdurchlässigkeit der verschiedenen Bodenarten.

Quellenmodell

1 Baut ein Quellenmodell. Am besten gelingt es mit einem schmalen Gefäß aus Plexiglas. Die Seitenteile sind aus Holzleisten. An einer Seite werden in gleichen Abständen Löcher gebohrt.

2 Füllt die verschiedenen Bodenarten in beliebiger Reihenfolge Schicht für Schicht ein. Vermutet, wo die „Quelle" entstehen wird. Gießt Wasser oben in das Modell und beobachtet.

Durch Experimentieren gezielt untersuchen

Ähnlich wie Wissenschaftler wollen auch wir Eigenschaften von Luft und Wasser mit Sicherheit feststellen.
Aber erst durch eine Reihe von Versuchen zu derselben Eigenschaft lässt sich nachweisen, dass ein Ergebnis kein Zufall ist.

Deshalb arbeiten wir beim Experimentieren mit verschiedenen Materialien und Gegenständen in einer Versuchsreihe.

FORSCHERECKE

3 Den Ablauf vorbereiten
Stelle alle notwendigen Materialien für deine Versuchsreihe bereit.
Bereite eine Tabelle vor, in die du alle Ergebnisse notieren willst.

Tipp: Richtet in euerm Klassenraum eine Forscherecke ein. So kann ungestört gearbeitet werden.

Frage:		
	Vermutung	Ergebnis
1. Versuch		
2. Versuch		
Antwort:		

1 Eine Frage stellen
Was willst du erforschen?
Formuliere eine Frage an die Natur.

2 Den Ablauf planen
Beschreibe, wie du vorgehen willst.

Tipp: Fertige dazu eine Skizze an. So lässt sich der Ablauf des Experimentes besser erklären.

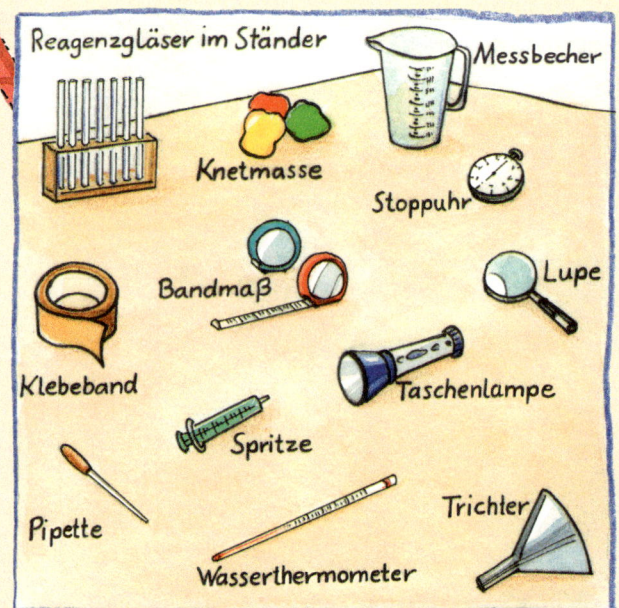

Reagenzgläser im Ständer · Messbecher · Knetmasse · Stoppuhr · Bandmaß · Lupe · Klebeband · Taschenlampe · Spritze · Pipette · Trichter · Wasserthermometer

4 Das Experiment durchführen
a) Stelle vor jedem Versuch eine Vermutung an und trage sie in die Tabelle ein.
b) Führe den Versuch durch.
c) Beobachte genau.
d) Notiere deine Beobachtungen in die Tabelle.

Hinweis: Nutze die Materialien sachgerecht und gehe damit sorgsam um.

5 Das Experiment auswerten
Vergleiche alle Ergebnisse mit deinen Vermutungen.
Was stellst du fest?
Versuche auf deine Frage eine Antwort zu geben.

■ Schwimmen, Sinken und Schweben
  Seite 80/81

■ Gegenstände und Materialien untersuchen,
  Seite 82/83

Versuchsreihe 1:

Nimmt Luft auch im Wasser Platz ein?

1 *Versuch*
Tauche ein Glas voll Luft mit der Öffnung nach unten senkrecht ins Wasser bis auf den Grund des Gefäßes.

Was passiert in dem Glas?

2 *Versuch*
Stopfe ein Taschentuch in das Glas und tauche es wieder senkrecht bis auf den Grund des Wassergefäßes.

Was passiert mit dem Tuch?

Ihr benötigt:

3 *Versuch*
Lass auf der Wasseroberfläche einen Korken schwimmen. Stülpe senkrecht ein Glas darüber und führe es bis zum Grund.

Was passiert mit dem Korken?

Versuchsreihe 2:

Wonach richtet sich der Druck des Wassers?

1 *Versuch*
1. Nimm einen großen Pappbecher und stich unter dem oberen Rand ein Loch hinein.
2. Stich etwa 3 cm vom unteren Rand entfernt ein zweites Loch hinein.
3. Überklebe beide Löcher mit Klebeband.
4. Halte den Becher über das Wassergefäß.
5. Durchstich nun wieder das obere Loch und gieße fortlaufend Wasser in den Becher.
6. Miss den Abstand des Wasserstrahls vom Becher.

   Von welchem Loch aus wird die Entfernung vom Becher zum Wasserstrahl größer sein?

Ihr benötigt:

2 *Versuch*
1. Durchstich das untere Loch und gieße wiederum fortlaufend Wasser in den Becher.
2. Miss den Abstand des unteren Wasserstrahls zum Becher.
3. Vergleiche die Entfernung beider Wasserstrahlen zum Becher. Was stellst du fest?

1 Wählt eine Versuchsreihe aus.

2 Wendet die Schrittfolge von Seite 78 an.

Schwimmen, Sinken und Schweben

Tim wundert sich, dass ein Schiff aus Metall schwimmen kann und ein Metallstück im Wasser versinkt. Daraufhin überprüft er mit Fiona, welche Gegenstände und Stoffe im Wasser schwimmen und welche sinken.

Ulrike liest aus dem Lexikon vor: „Alle Stoffe, die leichter sind als die gleiche Menge Wasser, schwimmen. Stoffe, die schwerer sind als die gleiche Menge Wasser, versinken."

Überprüfen von Gegenständen

1 Legt euch selbst verschiedene Gegenstände bereit.

2 Tragt vor dem Versuch eure Vermutung in die Tabelle ein.

3 Überprüft danach und vergleicht die Ergebnisse mit euren Vermutungen.

Gegenstände	Vermutung		Ergebnis	
	sinkt	schwimmt	sinkt	schwimmt
Stein				
Glasmurmel				
Korken				

4 Sucht nach einer Erklärung dafür, warum bestimmte Gegenstände leichter oder schwerer sind als die gleiche Menge Wasser.

Glasmurmel

Glasschüssel

Seife

Rinde

Stein

Korken

Kleine verschlossene Glasflasche

Tischtennisball

Schlüssel

■ Durch Experimentieren gezielt untersuchen, Seite 78/79

Überprüfe selbst verschiedene Materialien

1 Fülle Kunststoffdosen randvoll mit verschiedenen Materialien. Vergleiche sie mit einer wassergefüllten Dose. Notiere deine Vermutungen und überprüfe.

leichter als Wasser wird schwimmen	schwerer als Wasser wird versinken
Styropor	

Überprüfe, ob Knetgummi schwimmen kann.

    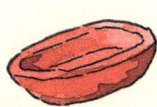 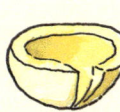 

1 Vermute: Können die abgebildeten Knetgummifiguren schwimmen? Forme die Figuren aus Knete und setze sie ins Wasser. Beobachte! Versuche, die Ergebnisse zu erklären.

Überprüfe, ob eine mit Sand gefüllte Kunststoffdose im Wasser schweben kann.

1 Probiere aus, ob du eine Kunststoffdose in einem Wasserbehälter schweben lassen kannst.

2 Fülle dazu so viel Sand in die Dose, dass sie wie ein Tauchboot im Wasser schwebt.

Übrigens

Tauchboote können in große Tiefen sinken, aber auch wieder aufsteigen. Um schwerer zu werden, füllen sie Wasser in Tanks. Um aufzusteigen, blasen sie die Tanks mit Druckluft wieder leer. Dadurch werden sie leichter.
Wenn ein Tauchboot in einer bestimmten Tiefe schweben will, muss es gleich schwer wie das Wasser sein.

Gegenstände und Materialien untersuchen

Jana   Lisa

Jana und Lisa befanden sich auf dem Schulweg. Plötzlich begann es kräftig zu regnen.

1 Vergleicht die Kleidung der beiden Mädchen. Vermutet, warum Lisa nass bis auf die Haut wurde, Jana aber nicht.

Wasserdurchlässig oder nicht?

1 Besorgt Kleidungsstücke und Gegenstände aus unterschiedlichem Material und eine Wassersprühflasche.

2 Legt eine Tabelle an.

3 Vermutet, ob das Material Wasser durchlässt oder nicht. Tragt eure Vermutungen in die Tabelle ein.

4 Besprüht die Kleidungsstücke und Gegenstände mit Wasser und beobachtet.

5 Tragt die Ergebnisse in eurer Tabelle ein. Vergleicht eure Vermutungen und Ergebnisse.

Probe	Lässt Wasser durch		Lässt Wasser nicht durch	
	Vermutung	Ergebnis	Vermutung	Ergebnis
Jeans	X	X		

■ Durch Experimentieren gezielt untersuchen, Seite 78/79

Wir untersuchen mit der Lupe

Ihr braucht: Kleidungsstücke aus dem ersten Versuch, eine Lupe und eine Taschenlampe.

1 Schaut euch die Oberfläche des Materials mit der Lupe an.

2 Leuchtet mit der Taschenlampe durch das Material. Schaut dabei mit der Lupe.

Hinweis: Winzige Spalten oder Löcher (Poren) im Material sorgen dafür, dass Licht durchscheint oder Wasser eindringen kann.

Wir machen Papier wasserdicht

Ihr braucht:

Papier   Margarine   Backpinsel   Messer   Creme   Wachsmalkreide

1 Ein Blatt Papier wird auf beiden Seiten mit Margarine dünn bestrichen, ein anderes mit Creme. Ein drittes Blatt wird auf beiden Seiten dick mit Wachsmalkreide bemalt.

2 Die Blätter werden mit Wasser besprüht.

3 Die Blätter werden mit einer Lupe betrachtet und die Ergebnisse notiert.

Teste dein Wissen

1 Schreibe nur in dein Sachunterrichtsheft. Notiere zuerst die Überschrift dieser Seite. Dann schreibst du jeweils die Nummer und den Buchstaben der Aufgabe auf und dahinter die Antwort.

A Zähle auf, worüber Wettervorhersagen informieren. Die Anfangsbuchstaben können dir helfen:
T – B – N – W

B Woher erhalten die Wetterämter ihre Informationen über das Wetter? Notiere zwei Beispiele. Die Silben helfen dir.
WET-TIONEN-SATEL-TER-LITEN-TER-STA-WET

C Hier kannst du dich über das Wetter informieren:
– Radio
– ?
Ergänze vier weitere Beispiele.

2 Vervollständige die Sätze.
Schreibe die richtigen Sätze in dein Sachunterrichtsheft.
Nutze dazu die Wortleiste rechts.

– Im Winter ... das Wasser im See zu Eis und wird ... .
– Wird es wärmer, ... das Eis und wird ... .
– An heißen Tagen ... das Wasser in der Luft und wird ... .

schmilzt – verdunstet – gefriert – flüssig – fest – gasförmig

3 Wie musst du beim Experimentieren vorgehen?
Notiere die Schrittfolge in der richtigen Reihenfolge in dein Sachunterrichtsheft.
Hast du richtig geordnet, ergeben die Buchstaben in den Klammern ein Wort.

– Das Experiment durchführen. (N)
– Den Ablauf vorbereiten. (N)
– Das Experiment auswerten. (E)
– Den Ablauf planen. (O)
– Eine Frage stellen. (S)

4 Benutze dein Sachunterrichtsheft. Prüfe die Richtigkeit der Sätze. Notiere jeweils Nummer und Buchstaben der Aufgabe und dahinter die richtigen Aussagen.

D – Ein Tischtennisball schwimmt auf dem Wasser.
– Ein Radiergummi sinkt im Wasser.
– Ein Korken sinkt im Wasser.
– Eine Büroklammer schwimmt auf dem Wasser.
– Eine leere Kunststoffdose schwimmt auf dem Wasser.

E – Eine mit Konfetti gefüllte Dose sinkt im Wasser.
– Eine mit Erde randvoll gefüllte Dose schwimmt im Wasser.
– Eine mit Kieselsteinen randvoll gefüllte Dose sinkt im Wasser.

Raum und Zeit

Die Kompassnadel dreht sich immer wieder neu ein, wenn der Kompass bewegt wird. Nenne die Namen der Himmelsrichtungen.

Radfahrer müssen nicht nur die Verkehrszeichen kennen, auch das Rad muss verkehrssicher sein. Was gehört zu einem verkehrssicheren Fahrrad?

In diesem Kapitel lernst du folgende Methoden kennen:
- Pläne lesen, verstehen und sich auf Karten orientieren,
- mit einer Ideenkarte eine Klassenfahrt planen,
- Gedanken in eine Mind-Map sortieren.

Pläne lesen und verstehen

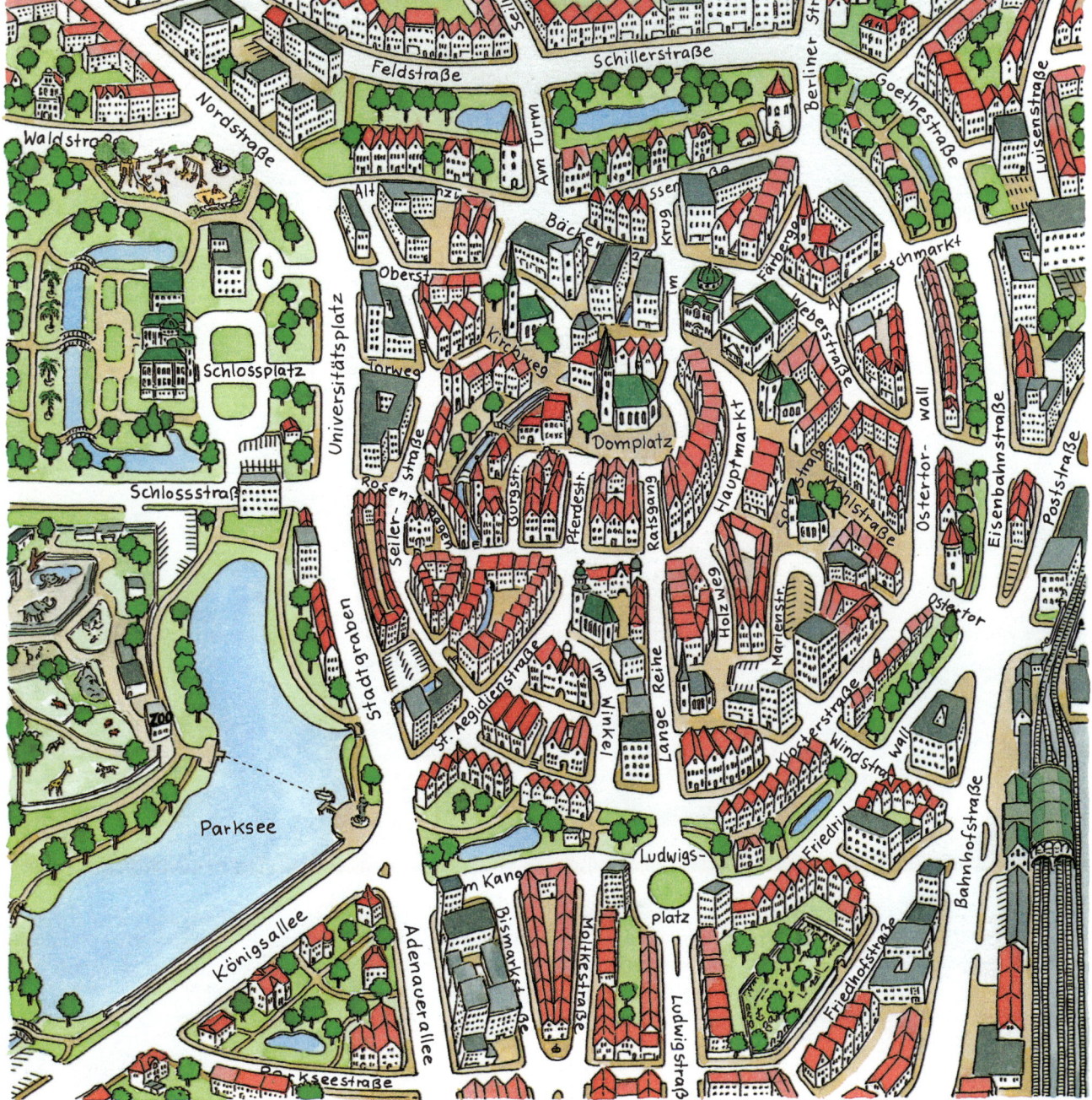

Die Kinder der dritten Klassen fahren mit dem Zug in die nächste Großstadt.
Sie wollen dort zuerst den Zoo besuchen. Anschließend möchten sie noch auf dem Spielplatz in der Nähe des Schlosses die neuen Spielgeräte ausprobieren.
Auf dem Bildplan ist die Stadt in Schrägsicht abgebildet. Unterschiedliche Gebäude sind in diesem Plan ebenso zu erkennen wie Grünanlagen und Gewässer. Allerdings sind die Straßennamen teilweise verdeckt.

1 Finde auf dem Bildplan einen direkten Weg der Klasse vom Bahnhof zum Zoo. Fahre ihn mit dem Finger nach.

2 Durch welche Straßen werden die Kinder gehen? Nenne die Namen in der richtigen Reihenfolge.

3 Beschreibe den Weg vom Zoo zum Spielplatz. Finde noch andere Wege. Beschreibe sie.

■ Ein Stadtplan, Seite 88   ▶ Arbeitsheft: Seite 23

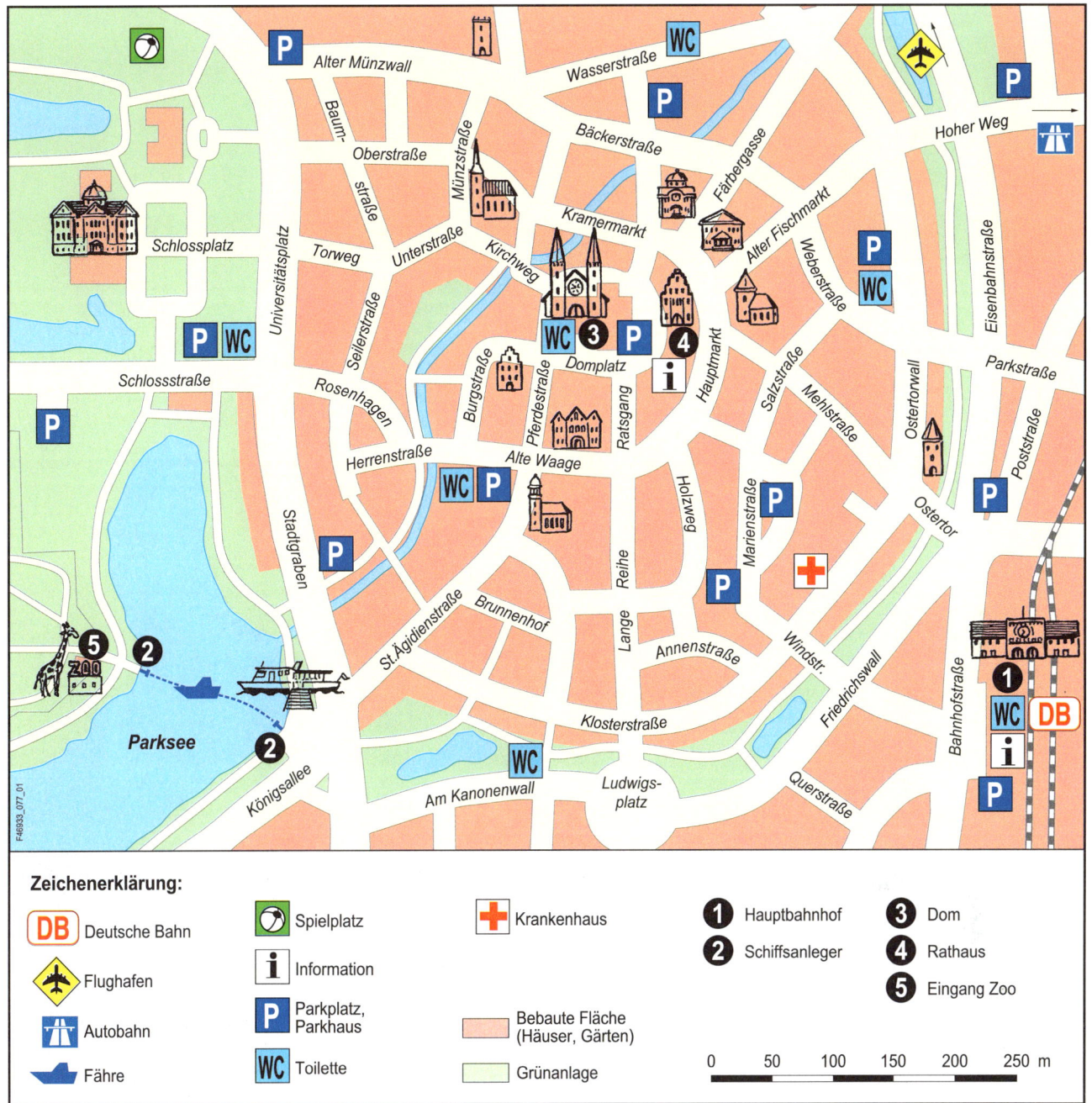

Zeichenerklärung:

DB Deutsche Bahn

✈ Flughafen

🛣 Autobahn

⛴ Fähre

⚽ Spielplatz

ℹ Information

P Parkplatz, Parkhaus

WC Toilette

✚ Krankenhaus

Bebaute Fläche (Häuser, Gärten)

Grünanlage

1 Hauptbahnhof
2 Schiffsanleger
3 Dom
4 Rathaus
5 Eingang Zoo

0   50   100   150   200   250 m

Hier ist derselbe Teil der Stadt noch einmal dargestellt, diesmal in Draufsicht senkrecht von oben. So einen Plan gibt es häufig bei der Touristen-Information.

In der Legende, auch Zeichenerklärung genannt, werden die Bedeutungen der Zeichen und Symbole erklärt.

Mithilfe des Leitermaßstabes kannst du Entfernungen auf der Karte messen.

4 Suche auf diesem Plan wichtige Gebäude mithilfe der Legende.

5 Vergleiche die Pläne auf dieser Doppelseite. Nenne die Unterschiede.

6 Finde auf beiden Plänen die Wege
a) vom Bahnhof zum Spielplatz,
b) vom Schloss zum Dom.

7 Welchen der beiden Pläne würdest du bevorzugen? Begründe.

Ein Stadtplan

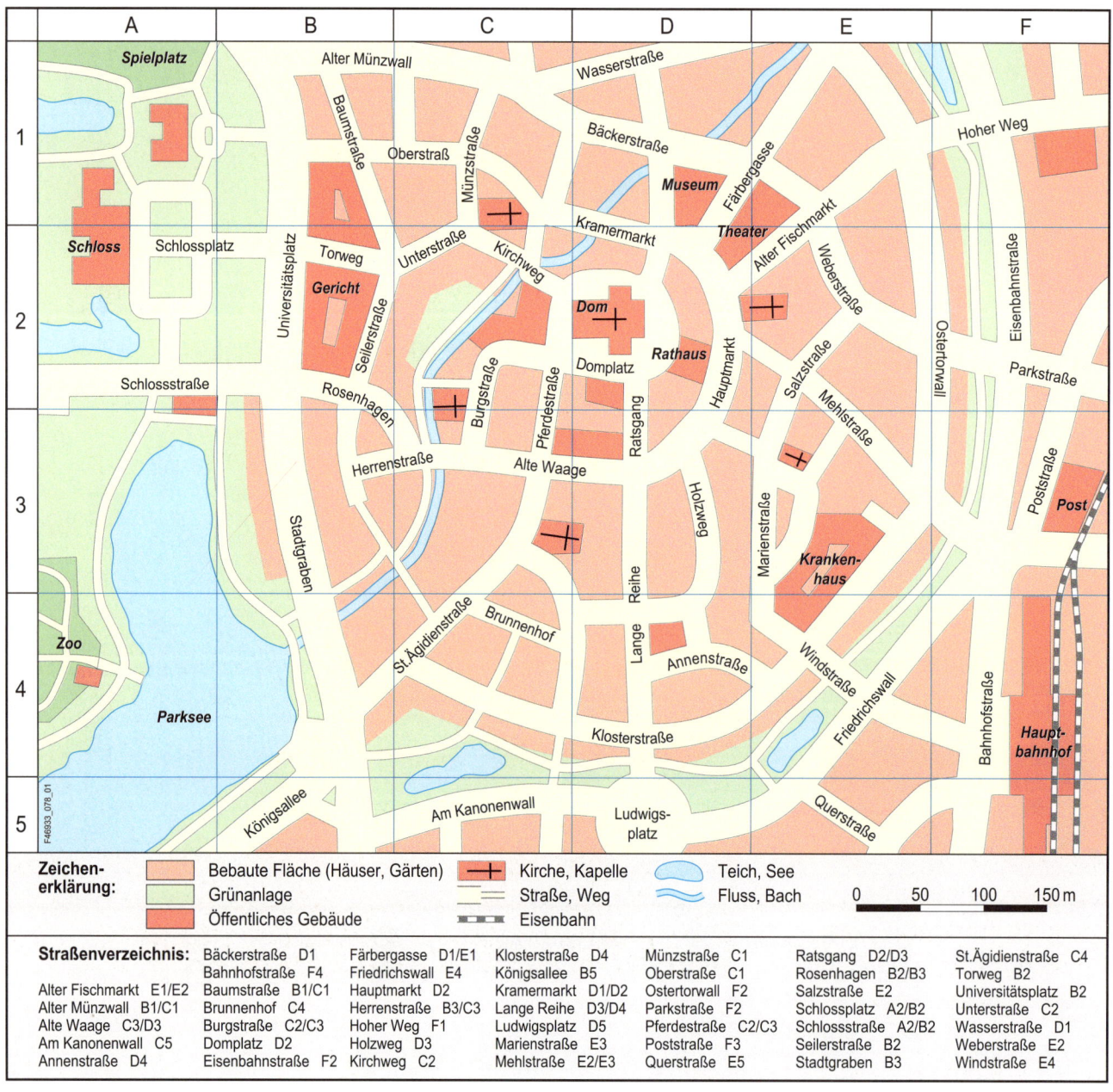

Der Ausschnitt des Stadtplanes zeigt denselben Stadtteil, der auf Seite 86 und 87 abgebildet ist.

In diesem Plan sind alle Einzelheiten durch Symbole und farbige Flächen ersetzt worden.

Karten sind oft in Planquadrate, auch Gitternetze genannt, aufgeteilt. Buchstaben bezeichnen die senkrechten Spalten, Zahlen die waagerechten Zeilen.

Planquadrate helfen beim Suchen von Straßen und Gebäuden (Rathaus: D2).

Einige Straßen erstrecken sich über mehrere Planquadrate (Alte Waage C3/D3).
Das alphabetisch geordnete Straßenverzeichnis hilft, Straßen schnell zu finden.

1 In welchem Planquadrat liegen
a) der Bahnhof?   b) der Dom?
c) das Museum?   d) die Post?

2 Was findest du in dem Planquadrat
a) A4?   b) B2?   c) E3?   d) F4?

3 Suche Straßen ohne und mit Straßenverzeichnis. Vergleiche, welches Vorgehen einfacher ist!

■ Pläne lesen und verstehen, Seite 86/87
▶ Arbeitsheft: Seite 24
○ Lernsoftware: Nr. 68 und 69

Vom Luftbild zur Karte

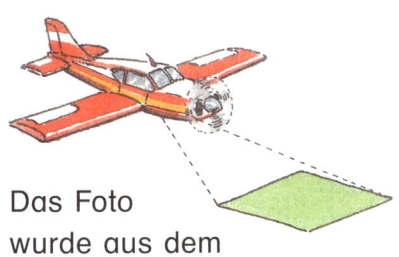

Das Foto wurde aus dem Flugzeug schräg nach unten fotografiert **(Schrägluftbild)**. Auf diesem Luftbild erkennst du deutlich einen Platz, Straßen, ein Denkmal, Autos, Rasenflächen und Wald. Manche Dinge werden verdeckt.

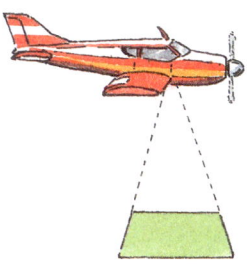

Dieses Foto wurde aus dem Flugzeug senkrecht nach unten aufgenommen. Im **Senkrechtluftbild** sind alle Dinge zu sehen und werden nicht verdeckt.

Luftbilder dienen als Vorlagen für Karten. Viele Luftbilder werden von Satelliten aus fotografiert und zur Erde gesendet.

Karten zeigen einen Teil der Erdoberfläche in verkleinerter und vereinfachter Darstellung. Alle Kartenfarben und Zeichen werden in der Legende erklärt.

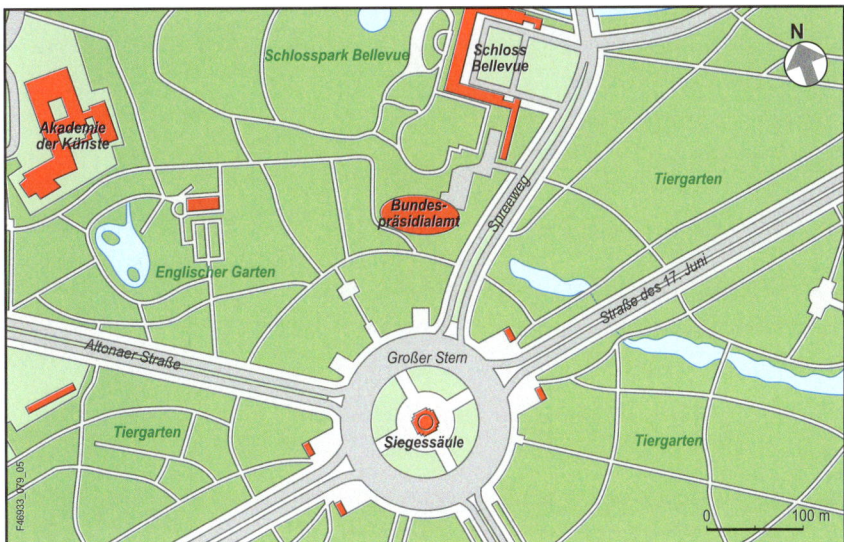

1 Vergleiche Schrägluftbild und Senkrechtluftbild.

2 Vergleiche Senkrechtluftbild und Karte.

▶ Arbeitsheft: Seite 25

Himmelsrichtungen und Kompass

Hier bestimmen die Kinder die Himmelsrichtungen in ihrem Klassenraum. Sie nehmen dazu einen Stabmagneten und lassen ihn an einer Schnur auspendeln. Das rote Ende zeigt immer nach Norden, das graue nach Süden.

Unter den Magneten legen die Kinder eine Pappe mit einem aufgezeichneten Kreuz.

Sie drehen die Pappe so lange, bis sich eine Linie des Kreuzes genau unter dem Magneten befindet. Jetzt tragen die Kinder zuerst Norden und Süden ein. Westen liegt links und Osten liegt rechts von der Nord-Süd-Achse.

Die Darstellung der Himmelsrichtungen erfolgt in einer Windrose. Die Himmelsrichtungen wurden nach dem Sonnenstand festgelegt.

Windrosen dienen der Orientierung.
Bei manchen Windrosen ist ein E (englisch: East) für Osten zu lesen.

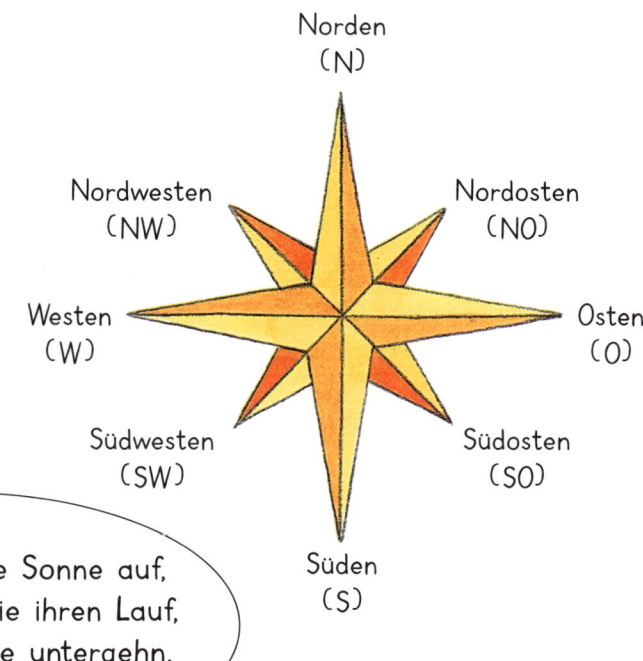

Mit einem Spruch kannst du diese Beobachtungen in deiner Umgebung nachvollziehen:

Im Osten geht die Sonne auf,
im Süden nimmt sie ihren Lauf,
im Westen wird sie untergehn,
im Norden ist sie nie zu sehn.

1 Bestimmt in eurem Klassenraum die Himmelsrichtungen. Befestigt Schilder mit den Namen der Himmelsrichtungen an den Wänden.

2 Überlege, wie du selbst eine vereinfachte Windrose zeichnen kannst. Schreibe die Haupt- und Nebenhimmelsrichtungen dazu.

Nicht
Ohne
Seife
Waschen

■ Magnetismus, Seite 92/93

▶ Arbeitsheft: Seite 26 und 27
○ Lernsoftware: Nr. 67

Der Kompass ist ein Gerät, mit dem man die Himmelsrichtungen bestimmen kann. Er besteht aus einer Windrose, einer magnetischen Nadel und einem Gehäuse.

Das farbige Ende der Kompassnadel zeigt immer nach Norden. Die Windrose wird so lange gedreht, bis Norden unter der farbigen Spitze liegt.

Jetzt zeigt der Kompass, wo Norden ist. Auf Landkarten ist Norden fast immer am oberen Kartenrand, Süden am unteren Kartenrand.

Himmelsrichtungen mit einer Armbanduhr bestimmen

1 Richte den Stundenzeiger auf die Sonne aus.

2 Süden liegt immer in der Mitte zwischen Stundenzeiger und der 12 auf dem Ziffernblatt.

Übrigens

Heute nutzen die Menschen andere Navigationsgeräte, z. B. das GPS. **GPS** (Global Positioning System) ist ein System zum Navigieren. Viele Schiffe, Flugzeuge und Autos haben GPS-Systeme. Weltweit erhalten ihre Computer von Satelliten die Daten zur Orientierung. Die GPS-Satelliten funken beständig ihre aktuelle Position und „ihre" Uhrzeit. Damit wir an jedem Punkt auf dem Globus Signale empfangen, funken 24 Satelliten zur Erde.

Satellit im All

Magnetismus

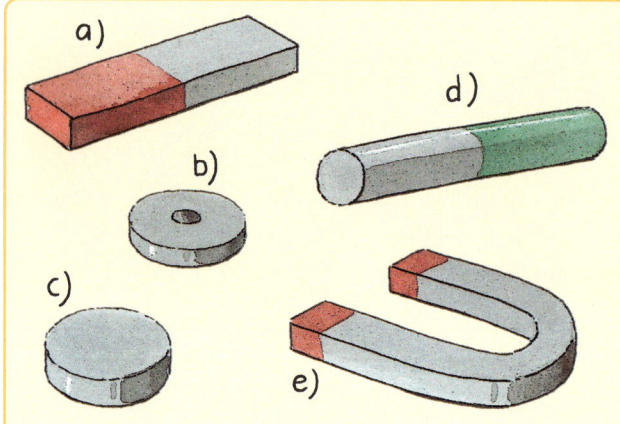

a)
d)
b)
c)
e)

Magnete

Es gibt verschiedene Magnete. Sie werden nach ihrer äußeren Form benannt und heißen: Stabmagnet, Ringmagnet, Scheibenmagnet und Hufeisenmagnet.

1 Benenne die Magnete in der Abbildung.

2 Wo hast du in deiner Umwelt schon Magnete entdeckt?

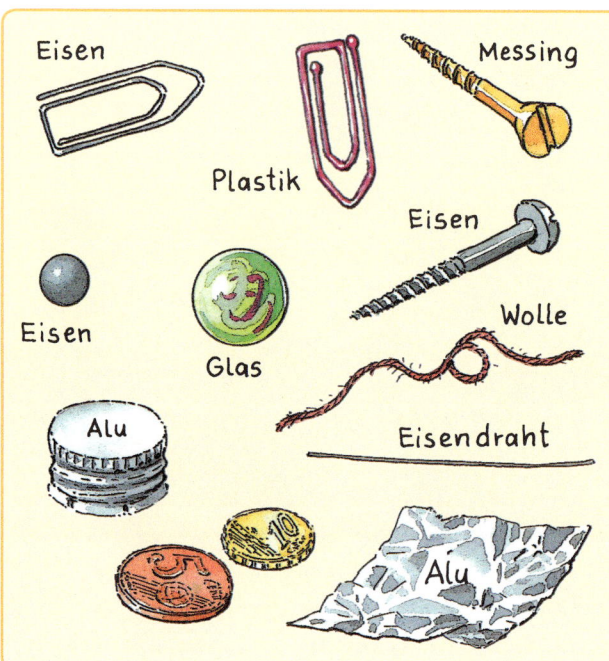

Eisen
Messing
Plastik
Eisen
Eisen
Wolle
Glas
Alu
Eisendraht
Alu

Magnete ziehen Gegenstände an

1 Finde heraus, welche Gegenstände von Magneten angezogen werden und welche nicht.

2 Trage deine Ergebnisse in eine Tabelle ein. Notiere vorher, was du vermutest.

Gegenstand	Vermutung	Ergebnis
Glaskugel	zieht an	zieht nicht an

3 Vergleiche und besprich deine Ergebnisse mit anderen Kindern.

4 Welche gemeinsame Eigenschaft haben alle Gegenstände, die von Magneten angezogen werden?

Wie weit kann ein Magnet wirken?

1 Lege eine Büroklammer genau an der Nulllinie an. Schiebe nun langsam den Magnet von rechts nach links.

2 Lies den Abstand von der Büroklammer zum Magneten ab, wenn die Büroklammer angezogen wird.

3 Probiere es auch mit einem Geldstück, einem kleinen und einem großen Nagel.

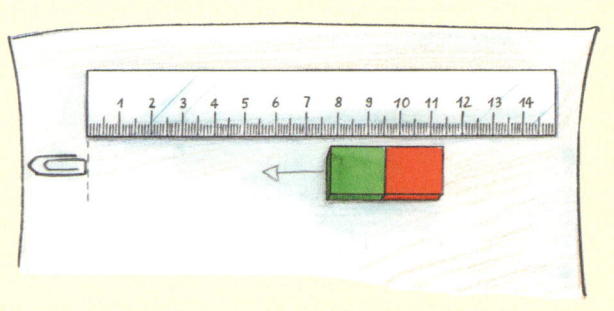

4 Trage deine Messungen in eine Tabelle ein.

■ Himmelsrichtungen und Kompass, Seite 90/91

 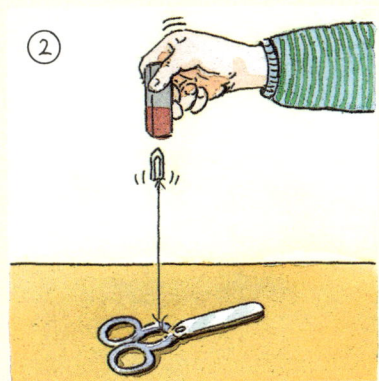 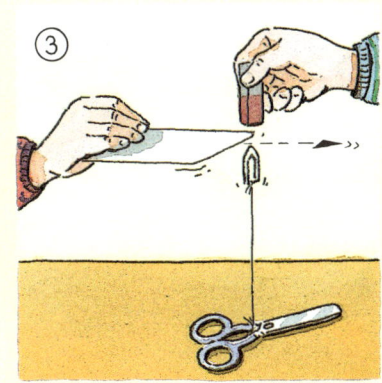

Magnete wirken durch Gegenstände

1 Lege eine Büroklammer in ein Glas. Versuche, die Klammer aus dem Glas zu holen, ohne das Glas oder die Büroklammer zu berühren.

2 Befestigt eine Büroklammer an einem dünnen Faden, das freie Ende an einem Gegenstand, zum Beispiel an einer Schere. Lasst die Büroklammer unter dem Magneten schweben.

3 Haltet vorsichtig ein Stück Papier zwischen Büroklammer und Magneten. Was beobachtet ihr?

Ihr braucht:

Filmdosen
Stifte
Büroklammern
Holzstab
Magnet

Magnet

Das Magnetspiel

1 Zeichnet einen Plan auf ein Blatt Papier, zum Beispiel einen Straßenplan. Klebt dann den Plan auf die Pappe.

2 Unter der Pappe werden in den vier Ecken die Filmdosen festgeklebt.

3 Ein kleiner Magnet wird vorn auf einem Holzstab aufgeklebt.

4 Büroklammern werden auf den Spielplan gelegt und der Holzstab mit Magnet unter den Spielplan gehalten. Das Spiel beginnt.

Übrigens

Natürliche Magnete

Von der griechischen Landschaft „Magnesia" (Region Thessalien) haben wahrscheinlich die Magnete ihren Namen. Dort wurden vor langer Zeit die ersten „Magneteisensteine" gefunden. Sie bestehen aus magnetischem Eisenerz.

Wie Berge auf Landkarten dargestellt werden

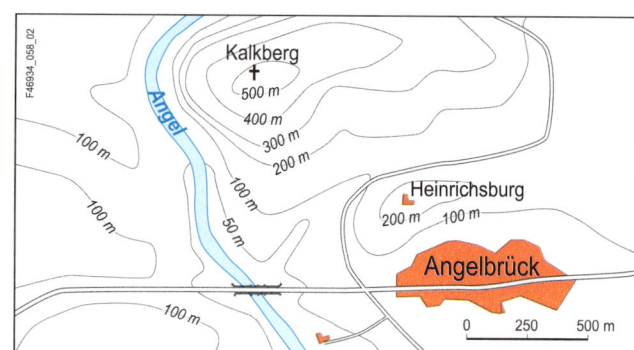

In der Natur können wir gut die Erhebungen, Hügel und Berge erkennen. Auf Karten müssen Erhebungen anders dargestellt werden. Eine Form sind Höhenlinien. Dabei werden Messpunkte, die alle auf der gleichen Höhe liegen, verbunden. Der Abstand zwischen Höhenlinien kann unterschiedlich sein.

An dem steilen Abhang eines Berges sind sie in sehr engen Abständen eingezeichnet. Liegen sie weit auseinander, ist das Gelände flacher. An den Höhenlinien steht eine Meterangabe.
Die Fläche zwischen zwei Höhenlinien nennt man Höhenschicht.

Wir lesen Karten mit Höhenlinien
Auf einer Wanderkarte mit Höhenlinien sagen uns die Höhenzahlen, wie hoch die Stelle über dem Meeresspiegel liegt. Der Meeresspiegel ist mit null Metern festgelegt.
Merke dir: Je dichter die Höhenlinien, desto steiler das Gelände!

Wir lesen Karten mit Höhenschichten
Wanderkarten, auf denen die Höhenschichten farbig dargestellt sind, erleichtern die Orientierung. Wir erkennen schneller, wo sich die höchsten Erhebungen befinden.
Merke dir: Je brauner, desto höher – je grüner, desto tiefer!

1 Betrachte beide Wanderkarten. Nenne die Geländehöhen, die durch die Höhenlinien dargestellt werden. Vergleiche beide Karten.
2 Wie hoch ist der höchste Berg im abgebildeten Wandergebiet.

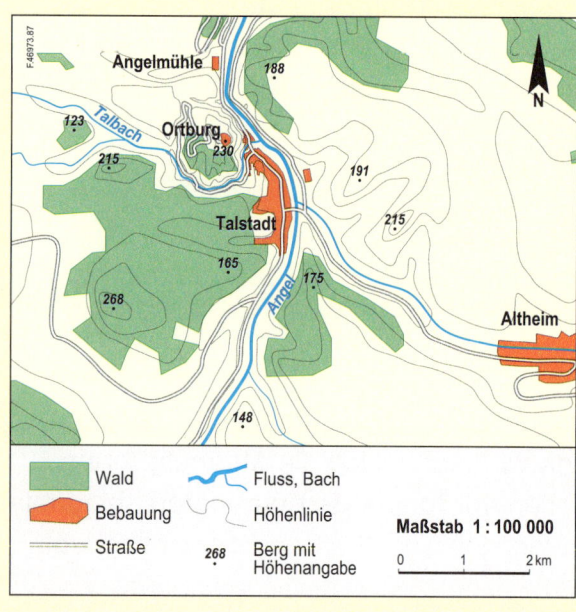

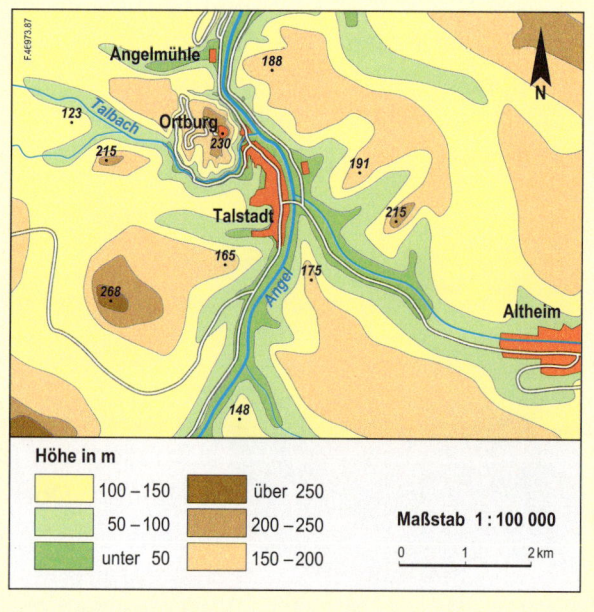

■ Wir orientieren uns auf der Kreiskarte, Seite 96/97   ▶ Arbeitsheft: Seite 28
■ Dein Heimatkreis in Sachsen, Seite 98/99   ○ Lernsoftware: Nr. 70

Wir zeichnen die Höhenlinien und Höhenschichten eines Kartoffelberges

1 Du brauchst: eine Kartoffel, einen langen Nagel, Farben, Messer, eine Styroporplatte.

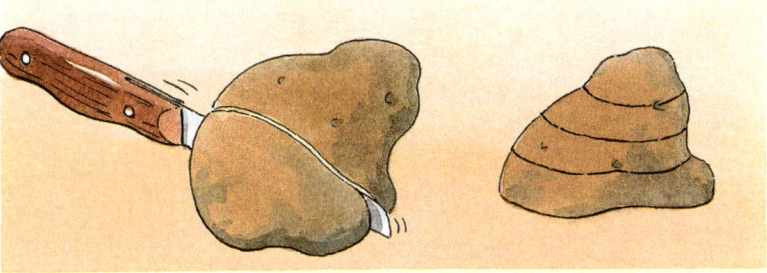

2 Schneide die Kartoffel so durch, dass ein „Berg" mit einer unregelmäßigen Form entsteht. Schneide den Kartoffelberg in gleichmäßig dicke Scheiben.

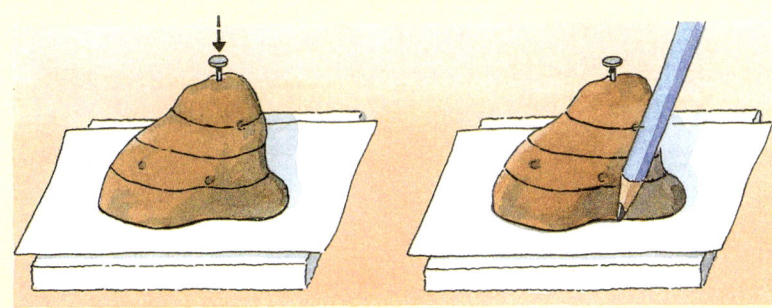

3 Lege auf die Styroporplatte das Zeichenpapier und darauf alle auf Haushaltspapier abgetrockneten Scheiben des Kartoffelberges. Drücke durch alle Schichten den Nagel. Zeichne den Umriss der untersten Kartoffelscheibe.

4 Nimm die unterste Scheibe weg und zeichne den Umriss der jetzt aufliegenden Scheibe. Der Nagel verhindert ein Verrutschen. Wiederhole dies mit allen Scheiben des Berges.

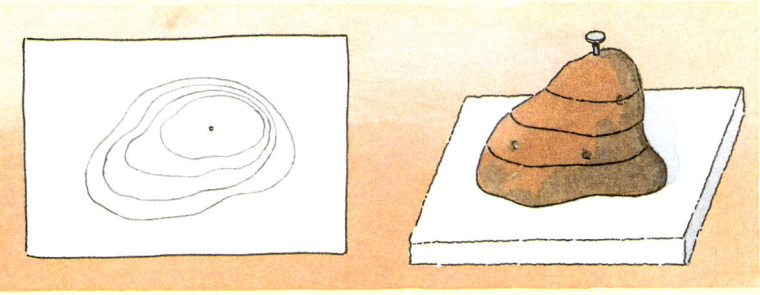

5 Nimm auch die Bergspitze vom Papier. Nun ist deine Höhenlinienkarte fertig. Setze die Scheiben des Kartoffelberges wieder zusammen. Vergleiche seine Form mit deiner Höhenlinienkarte.

6 Male die Schale der Kartoffelscheiben mit verschiedenen Farben und die Flächen zwischen den Höhenlinien auf deiner Karte in den gleichen entsprechenden Farben an. Nun hast du eine Höhenschichtenkarte.

Wir orientieren uns auf der Kreiskarte

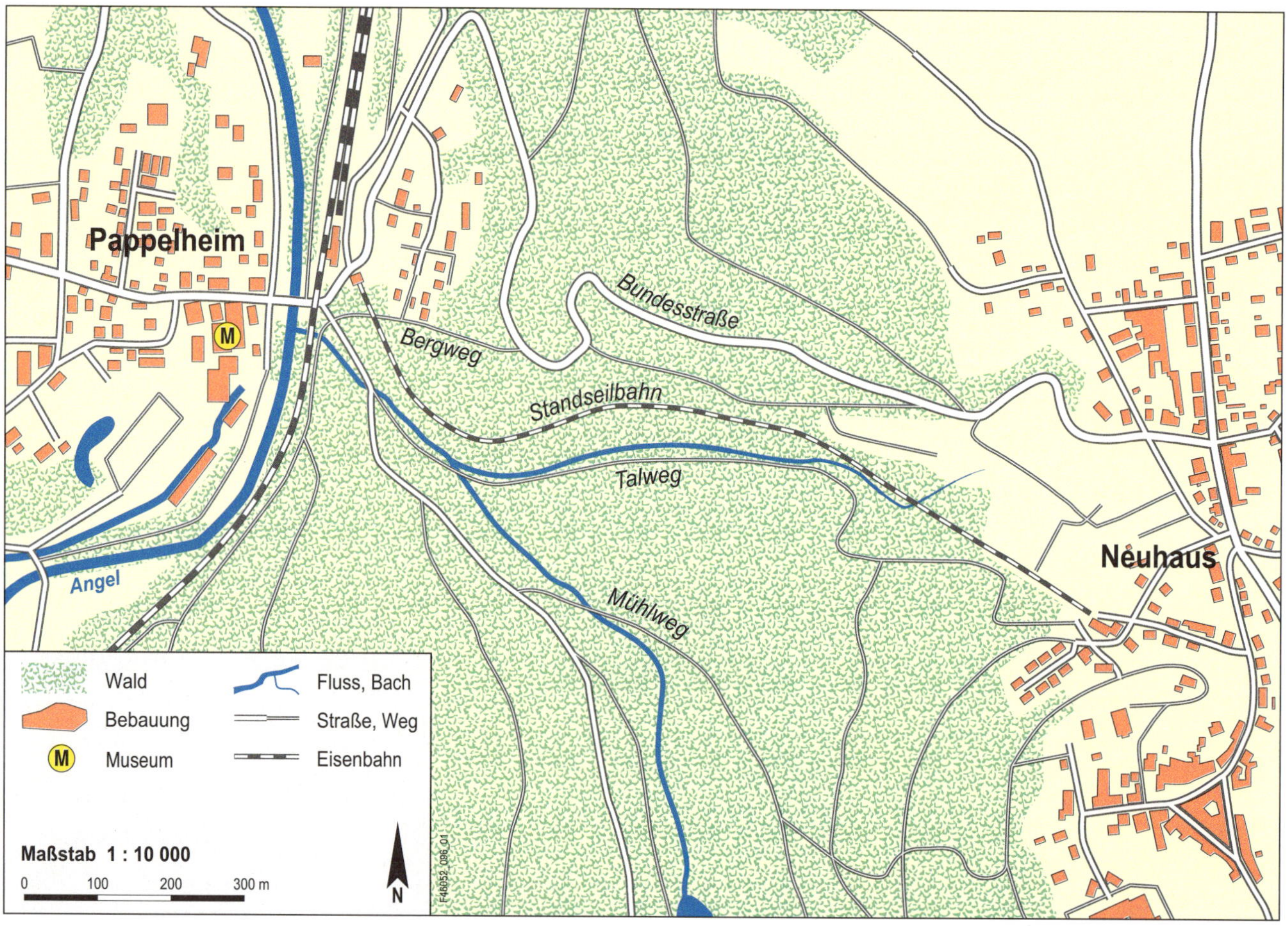

Karte mit den Orten Pappelheim und Neuhaus.

Legende:
- Wald
- Bebauung
- (M) Museum
- Fluss, Bach
- Straße, Weg
- Eisenbahn

Beschriftungen auf der Karte: Pappelheim, Bergweg, Bundesstraße, Standseilbahn, Talweg, Angel, Mühlweg, Neuhaus

Maßstab 1 : 10 000

0   100   200   300 m

N

Die Klasse 3a aus dem Ort Neuhaus plant einen Besuch im Heimatmuseum der Stadt Pappelheim. Dazu wollen sich die Kinder mithilfe einer Karte informieren.

1 In welcher Himmelsrichtung liegt Pappelheim von Neuhaus aus?

2 Lest die Legende der Karte und beschreibt die Lage von Pappelheim.

3 Beschreibt mithilfe der Karte die unterschiedlichen Wege nach Pappelheim. Welchen Weg würdet ihr auswählen? Begründet die Entscheidung.

Messen von Entfernungen

So kannst du Entfernungen auf einer Landkarte abmessen: Du brauchst einen Blumendraht oder Wollfaden und eine Schere.

1 Lege den Wollfaden oder Draht auf dem ausgewählten Weg vom Ausgangspunkt bis zum Zielpunkt genau auf. Schneide ihn am Zielpunkt ab.

2 Lege den Faden oder Draht an den Leitermaßstab an und lies die Entfernung ab.

■ Pläne lesen und verstehen, Seite 86/87
■ Himmelsrichtungen und Kompass, Seite 90/91
■ Wie Berge auf Landkarten dargestellt werden, Seite 94/95

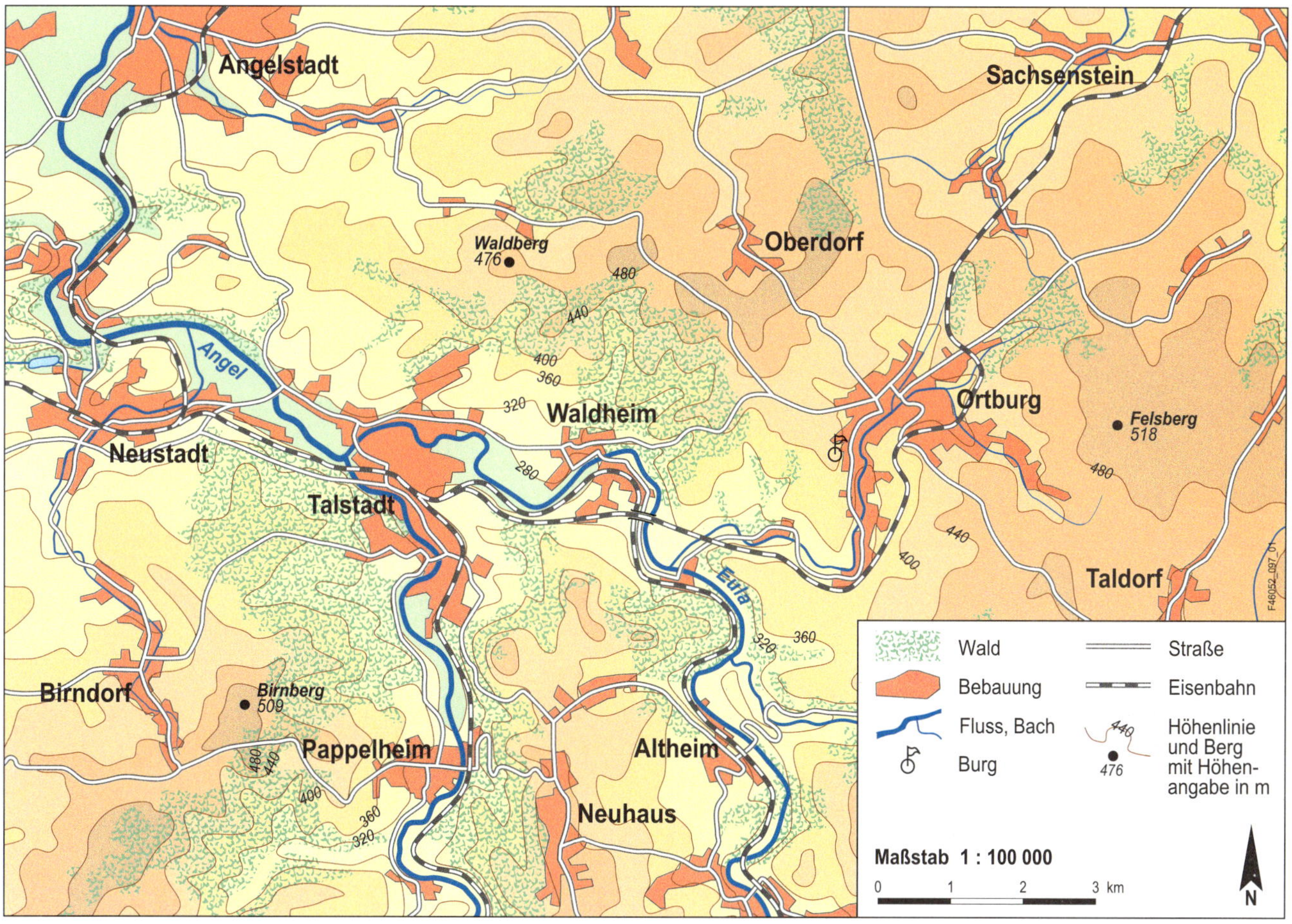

Map

Angelstadt Sachsenstein

Waldberg 476 ● 480 440 Oberdorf

Angel 400 360 320 Waldheim Örtburg Felsberg 518

Neustadt 280 480

Talstadt 440 400 Taldorf

Eula 360 320

Birndorf Birnberg 509 480 440 360 320 Altheim

Pappelheim 400 Neuhaus

Wald		Straße	
Bebauung		Eisenbahn	
Fluss, Bach		Höhenlinie und Berg mit Höhenangabe in m	440 ● 476
Burg			

Maßstab 1 : 100 000
0   1   2   3 km
N

Die Klasse 3a fährt ins Schullandheim nach Talstadt.
Dort wollen sie die schöne Landschaft erkunden sowie Tiere und Pflanzen beobachten.

4 Vergleicht die beiden Landkarten.

5 Bestimmt von Neuhaus aus die Fahrtrichtung nach Talstadt.

6 Beschreibt die Lage von Talstadt. Findet heraus, in welcher Richtung von Talstadt aus Berge liegen.
Lest die Höhenangaben ab.

Untersuchungen im Heimatkreis

So könnt ihr euren Heimatkreis kennenlernen:

1 Sucht auf eurer Kreiskarte die Kreisstadt und andere wichtige Orte.

2 Erkundet Naturschönheiten, Baudenkmäler und Industrieanlagen.

3 Befragt Nachbarn und Freunde über Sitten und Bräuche in eurem Heimatkreis. Schreibt sie auf.

▶ Arbeitsheft: Seite 29

SACHSEN-ANHALT

BRANDENBURG

THÜRINGEN

BAYERN

TSCHECHIEN

Seelhausener See

Werbeliner See

Torgau

Nordsachsen

Elbe

Schwarze Elster

Leipzig

Leipzig

Collmberg 313

Meißen

Gr. Röder

Meißen

Pulsnitz

Bautzen

Pleiße

Borna

Talsperre Borna

Haselbacher See

Rochlitzer Berg 353

Weiße Elster

Mulde

Zschopau

Freiberger Mulde

Mittelsachsen

Freiberg

Dresden

Pirna

Elbe

Liliens 415

Sächsische Schweiz – Osterzgebirge

Zschirnstei 560

Chemnitz

Flöha

Drachenkopf 805

Kahleberg 905

Zwickau

Zwickauer Mulde

Zwickau

Erzgebirgskreis

Greifensteine 731

Annaberg-Buchholz

Pöhlberg 831

Ahornberg 823

Talsperre Pöhl

Plauen

Talsperre Eibenstock

Auersberg 1018

Fichtelberg 1215

Vogtlandkreis

F46052_098_01

Wiedemar

Zschortau

Krostitz

Eilenburg

Gröbers

Flughafen Leipzig/Halle

Rackwitz

Thallwitz

Großkugel

Schkeuditz

Wederitzsch

Jesewitz

Machern

Taucha

Borsdorf

Brandis

Großlehna

Leipzig

Engelsdorf

Holzhausen

Markranstädt

Naunhof

Lützen

Markkleeberg

Großpösna

Parthenstein

Kitzen

Belgershain

🔶 dichtes Siedlungsgebiet ── Grenze der kreisfreien Stadt   0 2 4 km

F46052_098_02

Sachsen ist ein eigenständiges Bundesland. Es gehört zu den so genannten neuen Bundesländern, die es erst seit der Wiedervereinigung Deutschlands 1990 gibt.

Sachsen gliedert sich in zehn Landkreise und die drei kreisfreien Städte Dresden (Landeshauptstadt mit 555 000 Einwohnern), Leipzig (602 000 Einwohner) und Chemnitz (243 000 Einwohner).
Eine kreisfreie Stadt ist eine größere Stadt mit eigener Verwaltung, die keinem Landkreis zugeordnet ist.

■ Wie Berge auf Landkarten dargestellt werden, Seite 94/95

▶ Arbeitsheft: Seite 30

POLEN

Sachsen in Stichworten (31.12.2021)
Landesfläche: . . . . 18 450 km²
Einwohnerzahl: 4 043 000
Höchster Berg: . . . . Fichtelberg (1215 m)
Größter See: . . . . Bärwalder See (14 km²)
Wichtige Flüsse: Elbe, Mulde, Freiberger Mulde,
  Zwickauer Mulde, Zschopau, Neiße, Spree,
  Schwarze Elster, Weiße Elster

Legende:

🟥 Landeshauptstadt

◉ Kreisfreie Stadt

● Kreisstadt

Görlitz Name des Land-
       kreises

━━━ Staatsgrenze

━━━ Landesgrenze

┄┄┄ Kreisgrenze

0   10   20 km

1 Finde deinen Landkreis oder deine kreisfreie Stadt auf der Landkarte. Notiere den Namen und die Lage in Sachsen mithilfe der Himmelsrichtungen.

2 Nenne Flüsse und Seen, die in deinem Landkreis/ in deiner kreisfreien Stadt liegen.

3 Nenne die Namen der angrenzenden Landkreise/kreisfreien Städte. Beschreibe ihre Lage zu deinem Landkreis/deiner kreisfreien Stadt.

Sachsen-Wappen

Sachsen-Landesfahne

Den Heimatkreis mit einer Mind-Map erkunden

Mit einer Mind-Map kannst du bildhaft alle deine Gedanken zu deinem Landkreis/deiner kreisfreien Stadt gut sortieren.

1 Nimm ein DIN-A4-Blatt und notiere in der Mitte den Namen.

2 Überlege dir, was du über deinen Landkreis/deine kreisfreie Stadt erfahren möchtest. Notiere diese Dinge auf Linien um den Namen.

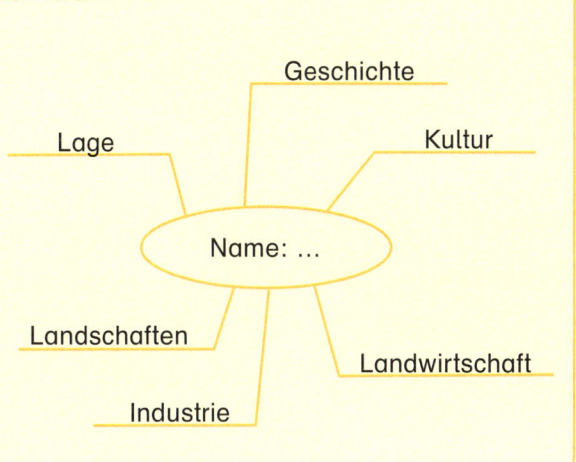

Wir planen eine Klassenfahrt

Die dritte Klasse möchte gemeinsam mit ihrer Lehrerin für einige Tage in ein Schullandheim fahren. Damit es für alle ein erlebnisreicher Ausflug wird, ist es notwendig, alles gut vorzubereiten.
Die Kinder haben viele Vorschläge. Sie besprechen alles miteinander und einigen sich darauf, was sie erleben möchten.
Nun wollen sie ein passendes Ziel finden und jeder hilft mit, die Klassenfahrt zu planen.
In unserem Bundesland Sachsen gibt es vielfältige Angebote für Klassenausflüge und Schullandheimfahrten.

1 Betrachtet oben die Ideen-Karte. Zu welchen Schwerpunkten wollen sich die Kinder informieren?

2 Nennt Vorhaben, die die Kinder in kleinen Zeichnungen ausgedrückt haben

3 Welches Ausflugsziel würdest du dir wünschen? Begründe.

4 Überlegt, wie ihr euch über Angebote für Klassenausflüge informieren könnt.

5 Plant eure Klassenfahrt. Gestaltet dazu eine eigene Ideen-Karte, wie oben abgebildet.

■ Dein Heimatkreis in Sachsen, Seite 98/99 ▶ Arbeitsheft: Seite 24, 26 und 27

1 Informieren
über Klassenfahrt-Angebote

Viele Schullandheime bieten umfangreiche Informationen über das Internet an. Ihr benötigt dafür einen Computer mit Internetanschluss.
Unter diesen Internetadressen könnt ihr euch zum Beispiel informieren:
www.schullandheime.de
www.KiEZ.com
www.klassenfahrt.de
www.schulfahrt.de

2 Zur Lage und Erreichbarkeit
des Reiseortes

Sucht euren Reiseort auf der Landkarte auf. Findet heraus, wie ihr ihn erreichen könnt. Erkundigt euch nach Fahrplänen und Reisekosten.
Lasst euch weiteres Informationsmaterial schicken.
Schreibt dazu die entsprechende Touristikinformation oder Unterkunft direkt an.

3 Zusammenstellung eines
eigenen Reiseprogrammes

Sucht aus euren Informationsmaterialien Ausflugsziele und Freizeitangebote heraus. Welche interessieren euch davon ganz besonders? Wählt aus und entscheidet euch. Stellt nun euer eigenes Reiseprogramm zusammen. Beachtet dabei die Dauer eures Aufenthaltes sowie anfallende Kosten.

4 Erstellen
eines Informationsheftes

Gestaltet nun ein Informationsheft für eure Klassenfahrt. Haltet darin alle wichtigen Informationen über
– Reisedaten,
– Reiseprogramm und
– Ausflugsorte fest.
Ihr könnt die Seiten des Informationsheftes für jedes Kind kopieren. Damit ist jeder für die Reise gut vorbereitet.

Aus der Geschichte des Rades

Wahlpflicht

Am Anfang der Geschichte des Rades stand der runde Baumstamm. Die Menschen rollten schwere Lasten auf Baumstämmen. Man nimmt an, dass das erste Rad eine abgesägte Baumscheibe war. Der Nachteil dieses Rades war, dass es bei Belastung rissig wurde und leicht zerbrach.

Vor 5000 Jahren erfanden die Sumerer das Scheibenrad. Es war bedeutend stabiler als das Baumscheibenrad. Beim Scheibenrad ließen sich einzelne Teile ersetzen, wenn sie abgenutzt oder beschädigt waren.

Die Römer benutzten schon vor mehr als 2000 Jahren einfache Speichenräder. Diese waren leichter, haltbarer und man konnte schneller damit fahren. Später bauten Wagner die Wagen und setzten die Holzräder zusammen. Schmiede umgaben die Räder mit einem Reifen aus Eisen.

1885 bauten die beiden Ingenieure Karl Friedrich Benz aus Mannheim und Gottlieb Daimler aus Stuttgart/ Cannstatt unabhängig voneinander die beiden ersten Automobile. Die großen Speichenräder waren aus Stahl und rollten auf Vollgummireifen.
Luftgefüllte Reifen gab es erst 1888 für Fahrräder, 1895 auch für Autos.

■ Das verkehrssichere Fahrrad, Seite 104   ○ Lernsoftware: Nr. 51

Heute benutzt man auch andere Werkstoffe zum Bau von Rädern. Die Räder der Autos haben keine Speichen mehr, sondern gelochte Scheiben. Manche Räder sind aus Aluminium. Die modernen Räder rollen leichter.

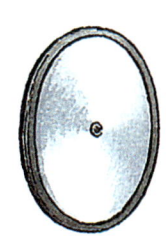

1 Vergleiche die verschiedenen Räder miteinander.

Übrigens

Die Geschichte des Fahrrades

① Im Jahre 1817 erfand Freiherr von Drais das Laufrad: die Draisine. Damit war er viermal schneller als ein Fußgänger und sogar schneller als die Postkutsche. Auf dem Laufrad saß man wie auf einem Pferd und stieß sich mit beiden Füßen vom Boden ab.

② In den Jahren 1851 bis 1855 wurde die Tretkurbel erfunden. Sie war an der Achse des Vorderrads befestigt. Um schneller vorwärtszukommen, wurde das Vorderrad vergrößert. Aus dem Laufrad entwickelte sich das Fahrrad.

③ Zwischen 1860 und 1890 entstand das Hochrad. Um noch schneller fahren zu können, wurde das Vorderrad immer weiter vergrößert. Es war schwierig und gefährlich auf dem Hochrad zu fahren.

④ 1869 baute der Engländer Lawson das erste moderne Fahrrad mit Pedalen, Kette und Hinterradantrieb. Das Vorderrad musste nicht mehr größer sein. Dieses Rad war sicherer und ließ sich gut fahren.

Wahlpflicht

Das verkehrssichere Fahrrad

Damit dein Fahrrad vorschriftsmäßig ausgerüstet ist, müssen 10 Teile vorhanden sein. Sie dienen der Verkehrssicherheit.

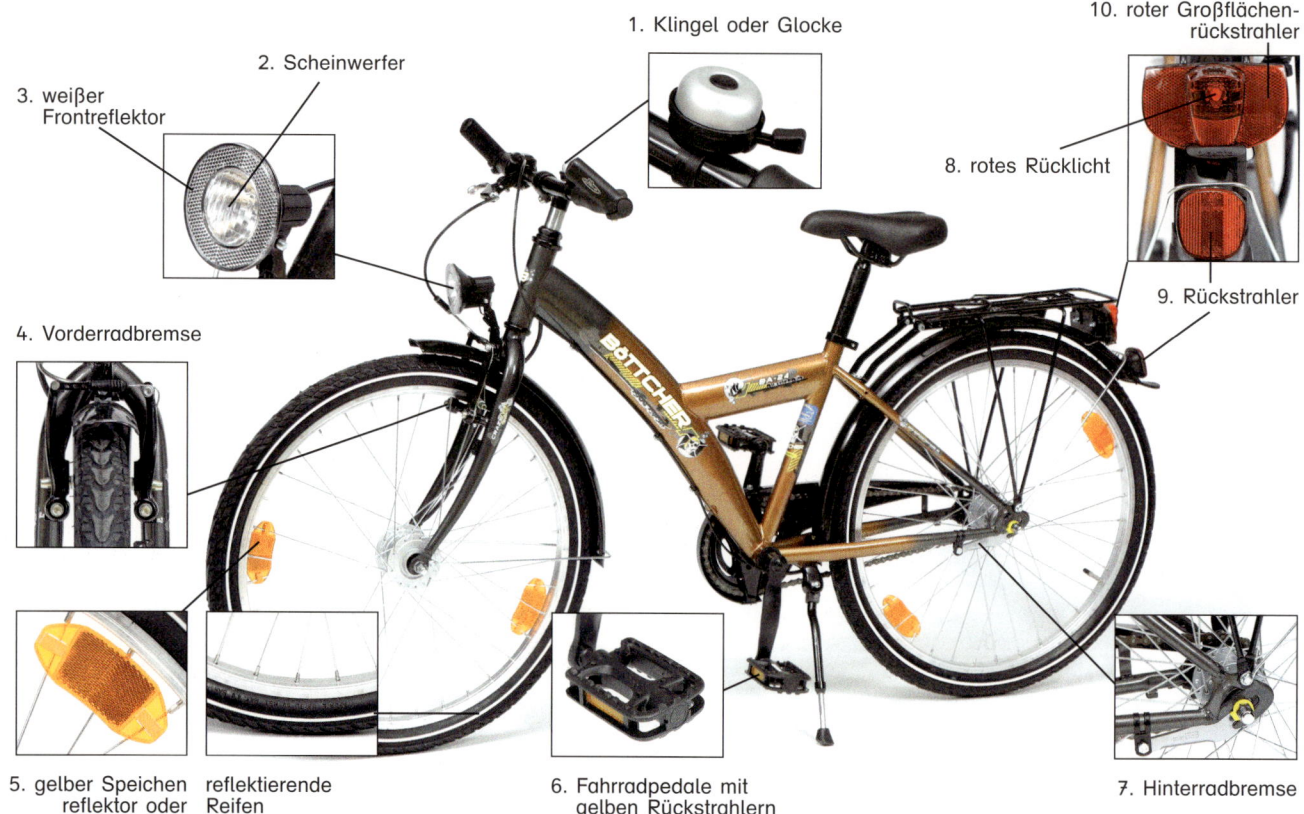

1. Klingel oder Glocke
2. Scheinwerfer
3. weißer Frontreflektor
4. Vorderradbremse
5. gelber Speichenreflektor oder reflektierende Reifen
6. Fahrradpedale mit gelben Rückstrahlern
7. Hinterradbremse
8. rotes Rücklicht
9. Rückstrahler
10. roter Großflächenrückstrahler

Damit dein Fahrrad in einem guten Zustand ist und zuverlässig benutzt werden kann, müssen weitere Dinge beachtet werden. Folgende Beispiele dienen der Betriebssicherheit:

Reinige dein Fahrrad regelmäßig. Vor allem Scheinwerfer, Schlussleuchte und alle rückstrahlenden Teile müssen sauber sein.

Die Kette benötigt Öl oder Fett. Sie darf nicht durchhängen.

Prüfe vor jeder Fahrt, ob alle Schrauben und Schnellspanner fest sind.

Kontrolliere die Reifen. Haben sie genügend Profil? Sind sie ausreichend aufgepumpt? Haben die Reifen keine Risse?

Achte darauf, dass die Griffe am Lenker festsitzen und nicht beschädigt sind.

Überprüfe vor jeder Fahrt, ob Bremsen, Scheinwerfer und Schlussleuchte richtig funktionieren.

Wenn du einen Mangel an deinem Fahrrad feststellst, sollte dieser sofort beseitigt werden. In manchen Fällen wirst du die Hilfe eines Erwachsenen benötigen.

■ Aus der Geschichte des Rades, Seite 102/103
▶ Arbeitsheft: Seite 31
⊙ Lernsoftware: Nr. 61

Richtiges Anfahren – Abstand halten

Das Anfahren

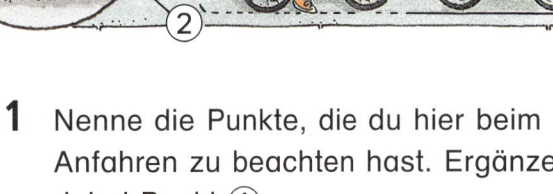

1 Schiebe das Fahrrad über den Gehweg, achte auf Fußgänger und Radfahrer.

2 Stelle das Fahrrad in Fahrtrichtung an den Fahrbahnrand, drehe ein Pedal nach oben und steige auf.

3 Sieh dich über die linke Schulter nach hinten um.

4 Gib danach Handzeichen.

5 Ist die Fahrbahn frei, fahre mit beiden Händen am Lenker los und halte die Spur.

1 Nenne die Punkte, die du hier beim Anfahren zu beachten hast. Ergänze dabei Punkt ①.

Vorsicht! Abstand halten.

Anna will an einem Auto vorbeifahren. Plötzlich wird die Wagentür geöffnet. Es passiert nichts, weil Anna genügend Seitenabstand gehalten hat und aufmerksam vorbeifährt.

Fin fährt hinter seinem Freund her. Er hält einen Sicherheitsabstand von etwa drei Fahrradlängen ein. Die beiden fahren auf der rechten Seite der Fahrbahn. Sie achten auf den Abstand zur Bordsteinkante (etwa 50 Zentimeter).

Dreimal Abstand

etwa 50 cm

etwa 1m

Verkehrszeichen

Die Ampel leuchtet gelb. Das Auto bremst ab. Die Bremslichter hinten am Fahrzeug leuchten auf.

1 Welches weitere Lichtzeichen ist an diesem Auto wichtig?

2 Suche ein weiteres Lichtzeichen an einem anderen Auto. Was bedeutet es?

Der Radfahrer hat sich falsch eingeordnet. Er wollte nach rechts abbiegen, darf aber seinen Fahrstreifen nicht verlassen und die Sperrfläche nicht überfahren. Er muss nun geradeaus fahren und nach der Kreuzung eine Möglichkeit finden, sein Ziel zu erreichen.

Fußgänger haben an Überwegen Vorrang. Der Radfahrer muss anhalten und die Fußgänger gehen lassen.

3 Welches Schild zeigt den Vorrang der Fußgänger an?

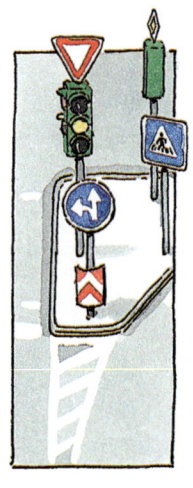

Im Straßenverkehr gibt es viele unterschiedliche Verkehrszeichen: Ampeln, Verkehrsschilder und Markierungen regeln den Verkehr.

4 Suche an der Kreuzung Beispiele für die drei Arten von Verkehrszeichen.

■ Vorfahrt, Seite 108/109

▶ Arbeitsheft: Seite 32
○ Lernsoftware: Nr. 62

Diese Verkehrszeichen regeln die Vorfahrt.

| Halt! Vorfahrt gewähren! | Vorfahrt gewähren! | Vorfahrtstraße | Vorfahrt an der nächsten Kreuzung | Kreuzung oder Einmündung mit Vorfahrt von rechts | Zusatzschild: Abknickende Vorfahrt | Ende der Vorfahrtsstraße |

Diese Zeichen geben an, wie weitergefahren werden muss.

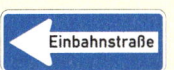  

| Einbahnstraße | links vorbeifahren | Fahrtrichtung „geradeaus" oder „rechts" | Fahrtrichtung „rechts" |

Diese Zeichen weisen auf Verbote hin.

| Verbot der Einfahrt | Verbot für Radfahrer | Dem Gegenverkehr Vorrang gewähren! | Absolutes Halteverbot |

Zeichen für Sonderwege

| Radweg | Getrennter Rad- und Gehweg | Gemeinsamer Geh- und Radweg | Gehweg |

Wichtige Richtzeichen

| Fußgängerüberweg | Vorrang vor dem Gegenverkehr | Verkehrsberuhigte Bereiche |

Solche Zeichen machen auf Gefahren aufmerksam.

| Baustelle | Gefahrenstelle | Einseitig (rechts) verengte Fahrbahn | Unebene Fahrbahn | Kinder | Bahnübergang | Lichtzeichenanlage (Ampel) |

Ampelzeichen und Polizeibeamte

| nicht fahren | fahrbereit machen | fahren | Achtung! Anhalten! |

Vorfahrt

Vanessa fährt mit dem Fahrrad zur Schule. Sie nähert sich einer Straßenkreuzung ohne Verkehrszeichen. Deshalb gilt hier die Vorfahrtsregel: „rechts vor links".

Vanessa blickt nach rechts: Von dort kommt niemand.

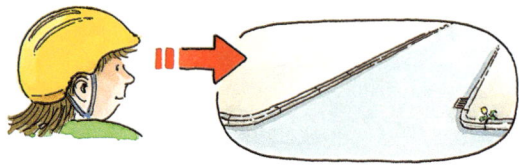

Vanessa blickt nach links: Von dort kommt ein Auto. Es wird geradeaus weiterfahren.

1 Woran kann Vanessa erkennen, dass der Autofahrer sie gesehen hat?

2 Was sieht der Autofahrer, wenn er nach rechts blickt?

Der Autofahrer hat nach rechts geschaut und dort Vanessa bemerkt. Er bremst sein Auto ab und lässt Vanessa vorbeifahren. Sie fährt geradeaus weiter. Der Autofahrer musste anhalten, weil Vanessa von rechts kam und Vorfahrt hatte.

Wer hat Vorfahrt?

3 Gib die Reihenfolge an, in der die Fahrzeuge fahren dürfen.

■ Verkehrszeichen, Seite 106/107
■ Abknickende Vorfahrtstraßen, Seite 110
■ Linksabbiegen an einer Einmündung ohne Verkehrszeichen, Seite 111
○ Lernsoftware: Nr. 65 und 66

Regeln Verkehrszeichen die Vorfahrt, gilt „rechts vor links" nicht.
Die Zeichen „Vorfahrtstraße!" oder „Vorfahrt an der nächsten Kreuzung" zeigen, dass du hier Vorfahrt hast.

Die Zeichen „Vorfahrt gewähren!" oder „Halt! Vorfahrt gewähren!" zeigen, dass dort die anderen Verkehrsteilnehmer die Vorfahrt haben.

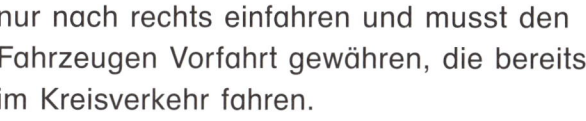

Diese Kombination zweier Verkehrsschilder zeigt an, dass du dich einem Kreisverkehr näherst. Du darfst nur nach rechts einfahren und musst den Fahrzeugen Vorfahrt gewähren, die bereits im Kreisverkehr fahren.
Wenn die Fahrbahn im Kreisverkehr für dich frei ist, fährst du ohne Handzeichen nach rechts ein.

Beim Verlassen des Kreisverkehrs musst du rechts Handzeichen geben.

4 Finde heraus, welche Verkehrsteilnehmer auf den fünf Bildern die Vorfahrt haben.

▶ Arbeitsheft: Seite 33

Abknickende Vorfahrtstraßen

Wahlpflicht

Florian fährt auf der abknickenden Vorfahrtstraße und will auf ihr nach links abbiegen. Er gibt Handzeichen nach links und darf ohne anzuhalten weiterfahren, denn er hat Vorfahrt. Er verhält sich aber dennoch vorsichtig und achtet auf die anderen Verkehrsteilnehmer.

Maren will nach links in die abknickende Vorfahrtstraße einbiegen und gibt Handzeichen nach links. Sie muss die Vorfahrt beachten und warten, bis die Straße frei ist. Dann biegt Maren vorschriftsmäßig ab.

1 Welche Möglichkeit hätte Maren noch, hier sicher nach links abzubiegen?

Anne will geradeaus in die abknickende Vorfahrtstraße fahren. Sie bleibt am rechten Fahrbahnrand und beachtet die Vorfahrt. Wenn die Straße frei ist, fährt sie in diese ein.

Ein Radfahrer fährt auf der Vorfahrtstraße.

2 Beschreibe, in welche Richtung die Fahrzeuge an dieser Kreuzung fahren wollen. Woran erkennst du, wohin sie fahren?

3 Welche Fahrzeuge dürfen weiterfahren ohne zu warten? Welches Fahrzeug muss warten? Begründe deine Antwort.

Merke: Rad fahren nur mit **Helm!**

■ Verkehrszeichen, Seite 106/107
■ Vorfahrt, Seite 108/109

▶ Arbeitsheft: Seite 33

Linksabbiegen an einer Einmündung ohne Verkehrszeichen

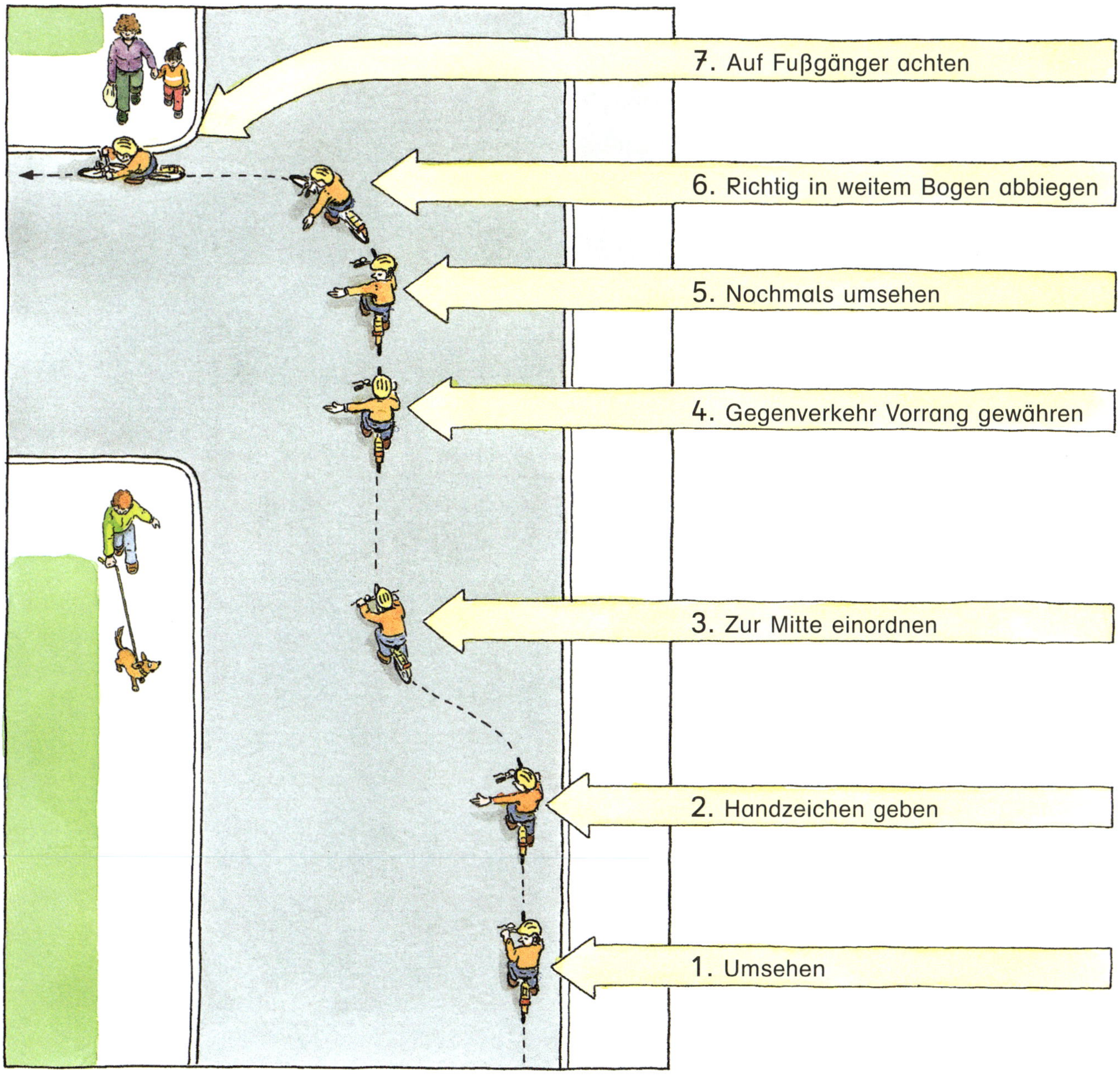

7. Auf Fußgänger achten

6. Richtig in weitem Bogen abbiegen

5. Nochmals umsehen

4. Gegenverkehr Vorrang gewähren

3. Zur Mitte einordnen

2. Handzeichen geben

1. Umsehen

Wahlpflicht

Beim Linksabbiegen an Einmündungen ist es sicherer, das Fahrrad über die Straße zu schieben. Deshalb hält Julia hinter der Einmündung am rechten Fahrbahnrand an. Sie benutzt nun die Straße wie eine Fußgängerin.

1 Beschreibe, was sie alles zu beachten hat, bis sie wieder mit ihrem Fahrrad weiterfährt.

■ Verkehrszeichen, Seite 106/107   ▶ Arbeitsheft: Seite 33
■ Vorfahrt, Seite 108/109

Steine – Spuren der Vergangenheit

Sicher bist du schon riesigen Steinen oder Steinhaufen begegnet.

Du findest solche steinernen Spuren der Vergangenheit auch in deinem Heimatort. Die großen Steine bezeichnet man als Findlinge. Sie sind Zeugen der so genannten Eiszeit. Eismassen bedeckten immer wieder große Teile Europas. Ein Eisvorstoß, der vor etwa 15 000 Jahren von Skandinavien aus den Leipziger Raum erreichte, brachte große Mengen von Gesteinsbrocken mit. Als das Eis abschmolz, blieb die mitgebrachte Gesteinsfracht liegen.

In Chemnitz befindet sich der größte versteinerte Wald Europas. Es handelt sich um Baumstämme und Hölzer, die vor ungefähr 300 Millionen Jahren versteinerten. Im Erdaltertum wurden die Wälder in der jetzigen Umgebung von Chemnitz durch Asche aus Vulkanausbrüchen verschüttet. Bei Bauarbeiten in verschiedenen Ortsteilen der Stadt wurden die „Bäume" ausgegraben. Der größte Teil der Fundstücke befindet sich im Museum für Naturkunde. Die Sammlung mit Abdrücken zahlreicher Pflanzen zieht jährlich viele interessierte Besucher an.

Fundstücke

■ Baustein seit Jahrhunderten, Seite 114/115

Wahlpflicht

Der Stein erzählt vom Leben und Bauen in allen Jahrhunderten. Es sind steinerne Zeugen der Vergangenheit. Ihre Kennzeichnung und der Standort waren von besonderer Bedeutung.
So wurden Grenzen festgelegt.
Nur angesehene Bürger durften Grenzsteine setzen oder entfernen. Regelmäßig wurden diese kontrolliert.

In Sachsen wurde häufig Sandstein zum Bau von Kirchen, Burgen und Schlössern verwendet. In Dresden findest du zum Beispiel den Dresdner Zwinger und die wieder aufgebaute Frauenkirche. Du erkennst Gebäude aus Sandstein gut an der typischen gelblich, grauen Farbe. Sandstein war auch das Baumaterial für Figuren, Brunnen, Bänke, Postmeilensäulen und Ähnliches.

In jedem Jahrhundert bauten sich die Menschen ihre Wohnhäuser mit Sandstein. Auch heute ist es noch so. Jedoch die Gestaltung ist nun anders.

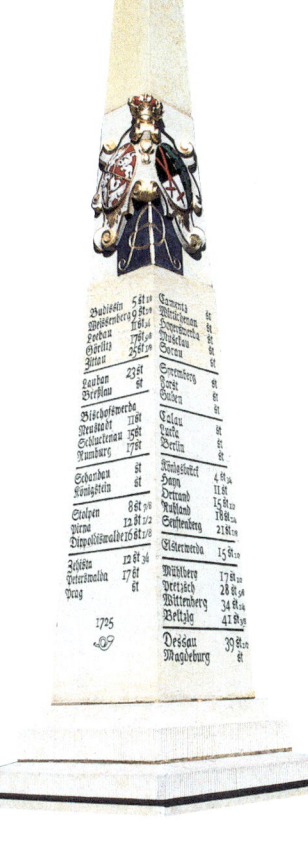

Wahlpflicht

1 Erkunde deine Umgebung nach steinernen Zeugen der Vergangenheit.

2 Erforsche ihre Entstehung und Bedeutung. Nutze dazu verschiedenen Medien.

3 Suche alte Skulpturen aus Sandstein oder Bilder davon.

4 Finde Sandstein an einem Haus in deiner Umgebung.

Bauen mit Sandstein früher …

… und heute

Sächsische Schweiz

Steinbrecher und Steinhauer früher

Man nannte die Arbeiter, die früher in den Sandsteinbrüchen arbeiteten Steinbrecher und Steinhauer. Mit Eisenstangen und Hämmern brachen sie Gesteinsblöcke vom Fels.

Strenge Winter halfen ihnen. Sie trieben Löcher und Spalten in den Fels, füllten sie mit Wasser und warteten, bis das Wasser gefror. Dann trieb das Eis das Gestein auseinander.

3 Recherchiere im Internet nach Sandsteinbrüchen in Sachsen.

Im Elbsandsteingebirge wird bis heute Sandstein abgebaut. Doch nun wird moderne Technik beim Sprengen, Brechen und Verladen eingesetzt. Der sächsische Sandstein wird in viele Länder verkauft.

1 Erkundige dich nach den Namen der Abbaugeräte.

2 Wo wird in Deutschland auch noch Sandstein gebrochen? Erkundige dich.

Steinbruch in Sachsen heute

■ Steine – Spuren der Vergangenheit, Seite 112/113

Eines der ältesten Handwerke ist die Arbeit eines Steinmetz.

Der Klöpfel und die verschiedenen Eisen sind sein Handwerkszeug. Die Arbeitskleidung besteht aus einer hellen Kordhose, einer Weste mit acht Knöpfen und oft aus einem weißen Hemd.

Die Arbeit ist schwer und mühsam. Der Steinstaub ist fein und sehr gefährlich, wenn man ihn einatmet.

Heute erleichtert ein Winkelschleifer die schwere Arbeit. Eine Staubmaske schützt den Steinmetz vor dem Steinstaub.

Er fertigt seine Arbeiten oft in Werkhallen an. Die geschaffenen Werkstücke werden mit Lkws zur Baustelle oder zu anderen Plätzen transportiert.

Steinmetz bei der Arbeit

Steinmetzzeichen

An allen Bauwerken und Steinarbeiten findet man „geheimnisvolle Zeichen".

Oft sind sie etwas versteckt im Stein eingeschlagen.

Es sind die Steinmetzzeichen eines jeden Arbeiters, der am Bau mitgearbeitet hat. Jeder hatte seine eigene, selbstausgedachte Form.

4 Finde in deiner Umgebung Steinmetzzeichen. Skizziere oder fotografiere sie.

5 Erforsche ihre Entstehung und Bedeutung.
Nutze dazu verschiedene Medien.

6 Dokumentiere deine Forschungsergebnisse in Form einer Ausstellung oder eines Plakates.

Wahlpflicht

Teste dein Wissen

1 Schreibe nur in dein Sachunterrichtsheft. Notiere zuerst die Überschrift dieser Seite. Dann schreibst du jeweils die Nummer und den Buchstaben der Aufgabe auf und dahinter deine Antwort.

A Wie werden Berge auf der Karte dargestellt? Durch Farben:
– je brauner, desto …
– je grüner, desto …

B Es wurden unterschiedliche Fahrräder erfunden.
– ?
– Tretkurbelrad
– ?
– modernes Fahrrad
Ergänze die beiden fehlenden in der geschichtlichen Reihenfolge.

C Steine haben früher die Ländereien voneinander abgegrenzt. Wie heißen die Steine? Man findet sie heute noch.
E – S – N – G – I – E – Z – R – T – E – N.

2 Schreibe nur in dein Sachunterrichtsheft. In jedem Kasten steht ein Begriff, der nicht zu den anderen passt. Notiere jeweils Nummer und Buchstaben der Aufgabe und dahinter deine Antwort.

D
– Kompass
– Nadel
– Windhose
– Himmelsrichtung
– Windrose

E
– Vorderradbremse
– Taschenlampe
– Klingel
– Speichenreflektor
– Hinterradbremse

F
– Flüsse/Seen
– Legende
– Straßen
– Autos
– Städte

3 Ordne den Verkehrszeichen die richtige Bezeichnung zu. Jeder Nummer wird ein Buchstabe zugeordnet. Die Buchstaben ergeben ein Lösungswort.

1. Vorfahrtstraße

2. Gefahrenstelle

3. Halt! Vorfahrt gewähren!

4. Vorfahrt gewähren

5. Verbot für Radfahrer

T
S
O
P
P

4 Prüfe die Richtigkeit der Aussagen und berichtige, wenn nötig, die Sätze in deinem Heft.

H Die Wirklichkeit ist auf der Karte verkleinert und vereinfacht dargestellt.

J Im Elbsandsteingebirge wird bis heute Kalkstein abgebaut.

Das Internet starten

Der Begriff Internet ist die englische Abkürzung für International Network, was übersetzt *Internationales Netzwerk* bedeutet.
Das Internet ist weltweit der größte Zusammenschluss von Computernetzwerken. Man schätzt, dass im Jahr 2014 jeder dritte Mensch auf der Welt (mehr als 2,4 Milliarden) das Internet nutzte.
Neben dem Versenden und Empfangen von Nachrichten (so genannten E-Mails) dient das Internet zum Informieren, Telefonieren, Einkaufen sowie zum Programme-, Musik- oder Filmeladen.

Ursprünglich wurde die Internettechnologie 1973 für die Datenübertragung zwischen den Computern des amerikanischen Verteidigungsministeriums entworfen.
1984 wurde die Technik dieses Netzwerkes freigegeben und weiterentwickelt. Seit 1989 gibt es den bekanntesten Bestandteil, das **W**orld **W**ide **W**eb (www). Übersetzt heißt das **w**eltweites **N**etzwerk.
Um eine Internetadresse aufzurufen, wählt der PC einen Provider an. Das sind Firmen, die gegen Gebühren die Nutzung anbieten.

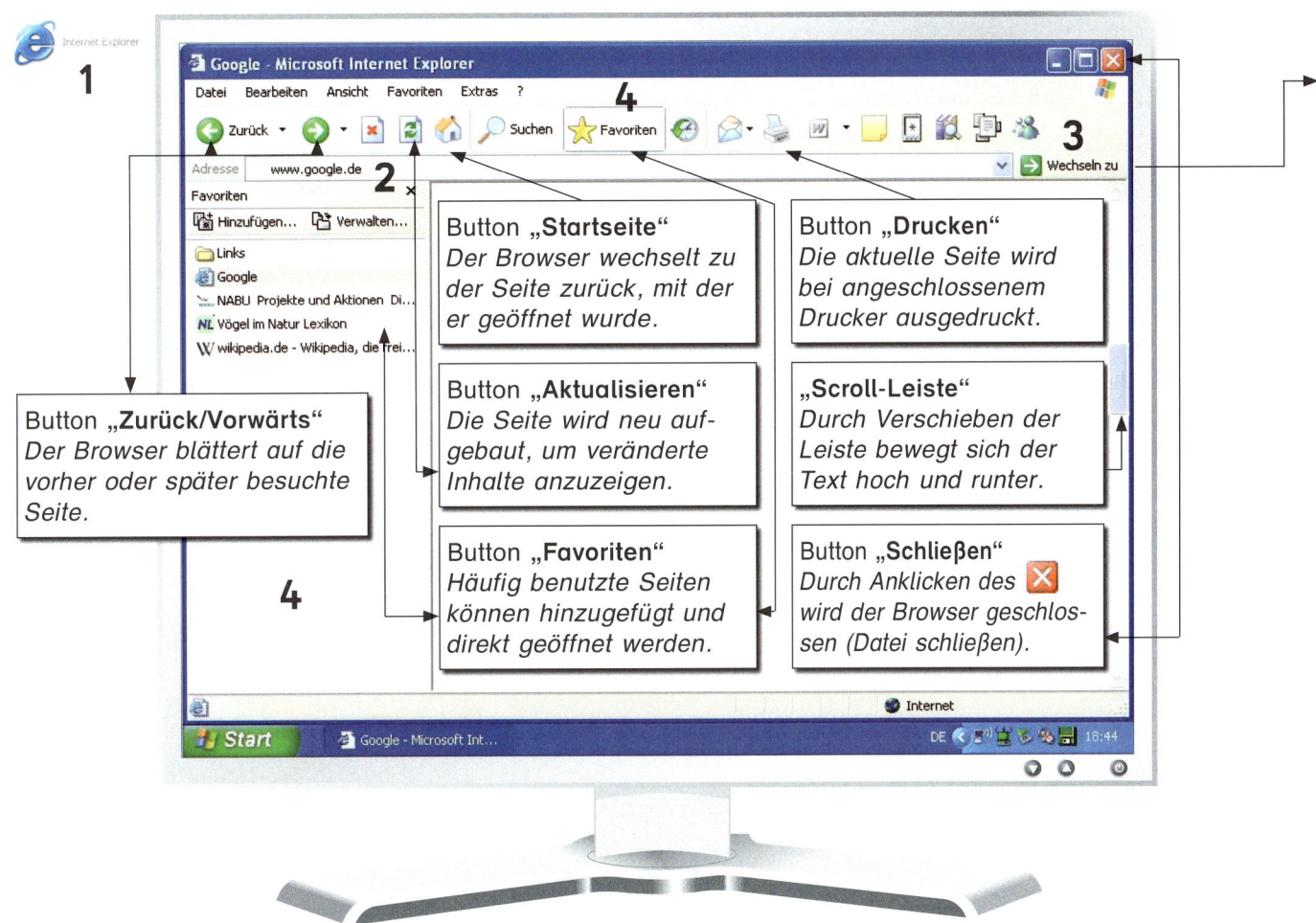

Button „Zurück/Vorwärts"
Der Browser blättert auf die vorher oder später besuchte Seite.

Button „Startseite"
Der Browser wechselt zu der Seite zurück, mit der er geöffnet wurde.

Button „Aktualisieren"
Die Seite wird neu aufgebaut, um veränderte Inhalte anzuzeigen.

Button „Favoriten"
Häufig benutzte Seiten können hinzugefügt und direkt geöffnet werden.

Button „Drucken"
Die aktuelle Seite wird bei angeschlossenem Drucker ausgedruckt.

„Scroll-Leiste"
Durch Verschieben der Leiste bewegt sich der Text hoch und runter.

Button „Schließen"
Durch Anklicken des wird der Browser geschlossen (Datei schließen).

1 Um das Internet zu nutzen, muss ein sogenannter „Browser" (sprich: Brauser) aufgerufen werden. Das ist ein spezielles Programm, das Internetseiten sichtbar macht. Starte vom Arbeitsplatz das Internet. Klicke das entsprechende Symbol an.

2 In die Adresszeile wird die Internetadresse eingegeben. Die meisten beginnen mit www. Gib die Internetadresse der Suchmaschine www.google.de ein.

3 Durch Anklicken der Schaltfläche des grünen Pfeils (Wechseln zu) oder durch Drücken der Enter-Taste wird die Internetseite aufgerufen. Starte die Internetadresse.

4 Über verschiedene Schaltflächen (Buttons) wird das Programm bedient und zwischen den Seiten gewechselt (navigiert). Probiere die Funktionen der Buttons aus.

Mit einer Suchmaschine arbeiten

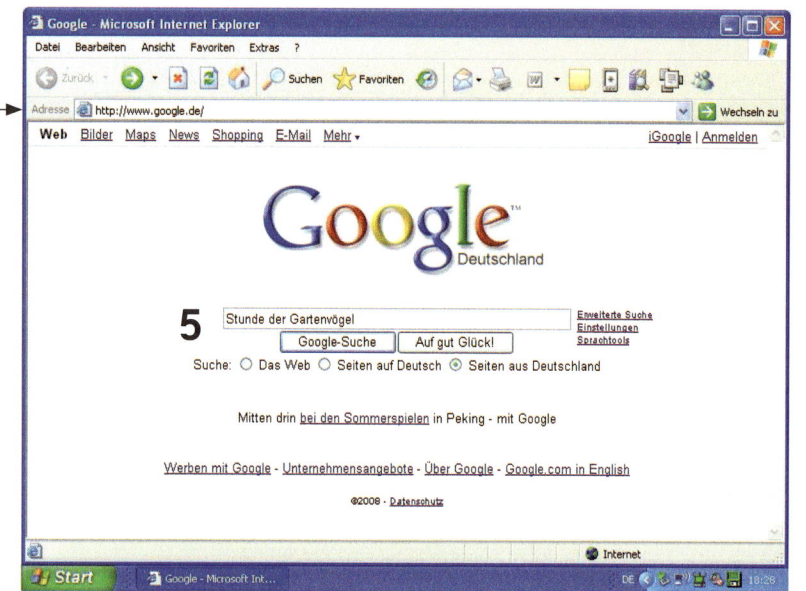

5 **Eingabe des Suchbegriffes**
Um Internetseiten aufzurufen, muss der Name der Internetseite bekannt sein. Suchmaschinen wie Google (www.google.de) helfen, um Internetseiten zu bestimmten Themen zu finden. Dazu muss der Suchbegriff zum gewünschten Thema eingegeben werden.
Gib den Suchbegriff „Stunde der Gartenvögel" ein. Klicke dann auf die Schaltfläche (den Button) „Suche".

6 **Auswahl von Internetseiten**
Die Suchmaschine zeigt eine Auswahl der gefundenen Internetseiten an. Je genauer der Suchbegriff war, um so spezieller ist die Anzeige der gefundenen Seiten. Durch Anklicken einer angezeigten Internetadresse wird diese direkt aufgerufen.
Vergleiche deine Suchergebnisse mit der Abbildung.
Klicke die Internetadresse zur „Stunde der Gartenvögel" an.

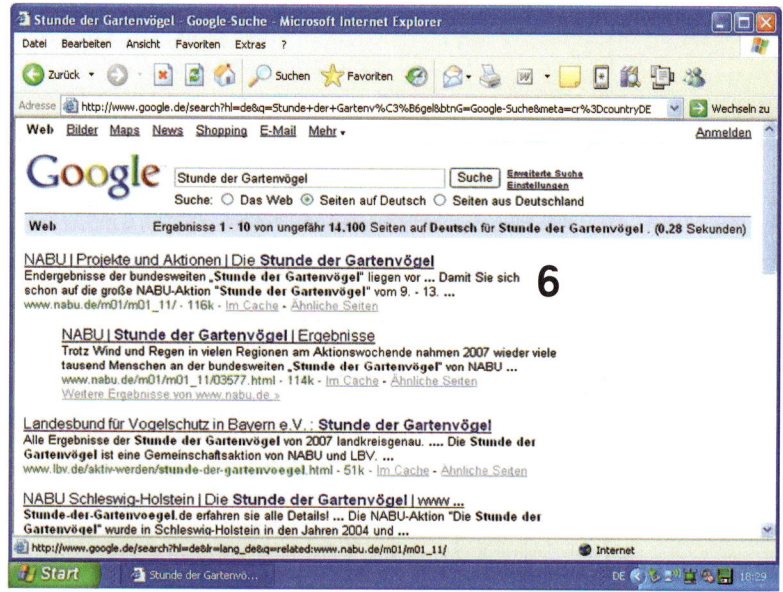

7 **Auswerten der Inhalte**
Die gefundene Internetseite wird angezeigt. Ob der Inhalt der Internetadresse informativ ist, lässt die Suchmaschine allerdings nicht erkennen.
Deswegen muss der Inhalt der Internetseite selbst ausgewertet werden. Immer wenn der Mauszeiger zur Hand wird, kann eine weitere Seite der Internetadresse geöffnet werden.
Suche die Internetseite nach Informationen über Vögel ab.

Sich im Internet informieren (1)

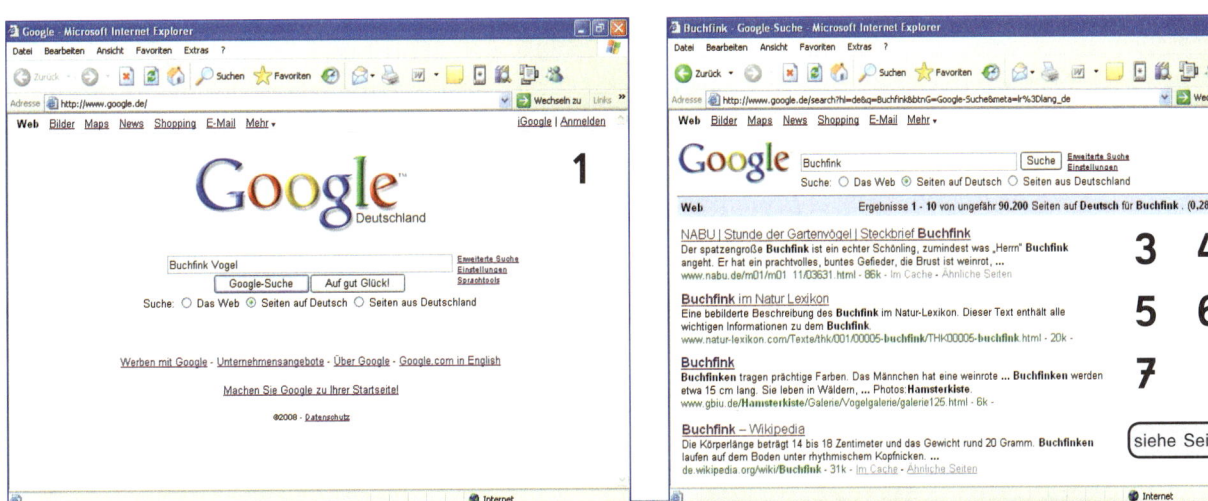

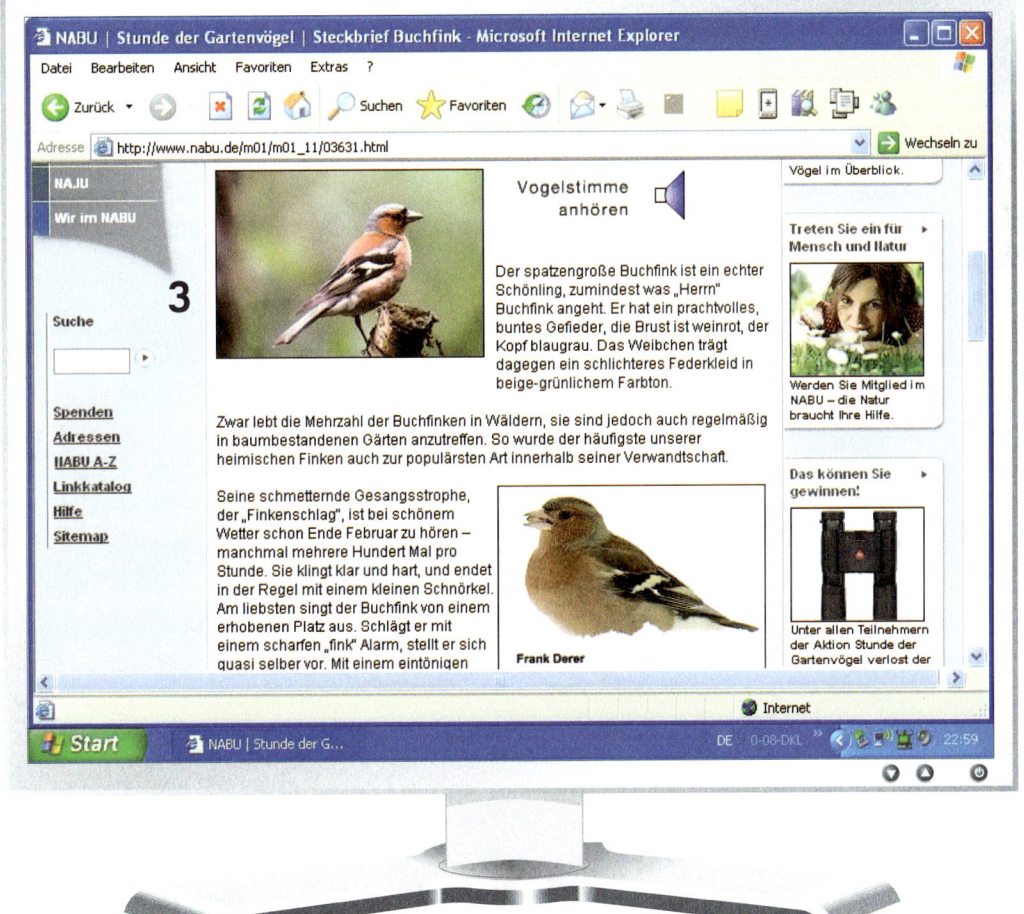

1 Das Internet ist eine gute Quelle, um sich genau über Tiere zu informieren. Im Beispiel sollen Informationen über den Buchfink eingeholt werden. Zusätzlich zum Namen des Tieres (Buchfink) wird noch der Begriff der Tierart (Vogel) eingegeben, damit nur Internetseiten angezeigt werden, die direkt mit dem Vogel zu tun haben.
Starte im Internet die Suchmaschine. Gib als Suchbegriff „Buchfink Vogel" ein.

2 Die Suchmaschine bietet eine große Auswahl von Internetseiten an.
Starte die Internetseite des Naturschutzbundes (NABU) zum Buchfink.

3 Informiere dich über das Aussehen und den Lebensraum des Buchfinken.
Lies die Texte durch. Höre dir die Vogelstimme an. Klicke dazu auf den   .

■ Mit einer Suchmaschine arbeiten, Seite 118
■ Sich im Internet informieren (2), Seite 120

■ Einen Steckbrief gestalten (1), Seite 121

Sich im Internet informieren (2)

4 Die häufigsten Gartenvögel
Informationen über die häufigsten Gartenvögel können direkt auf der Startseite (siehe Seite 119) geöffnet werden.
– Klicke auf die Schaltfläche „Die häufigsten Gartenvögel".
– Klicke auf „Bitte Auswählen".
– Klicke in der Liste auf die gewünschten Vogelnamen.

5 und 6 Scrollen
Eine Internetseite ist oft größer als auf dem Bildschirm sichtbar.
– Bewege im Beispiel den Schiebebalken (Scroll-Leiste).

3, 5, 6 und 7
Informationsvergleich
Vergleiche die Informationen verschiedener Internetseiten zum Buchfink miteinander.
– Öffne verschiedene Internetadressen zum Buchfink.
– Sammle Informationen über den Buchfink zum Aussehen der Männchen und Weibchen, zur Größe, zur Nahrung, zum Lebensraum und zum Gewicht.

■ Sich im Internet informieren (1), Seite 119

Einen Steckbrief gestalten (1)

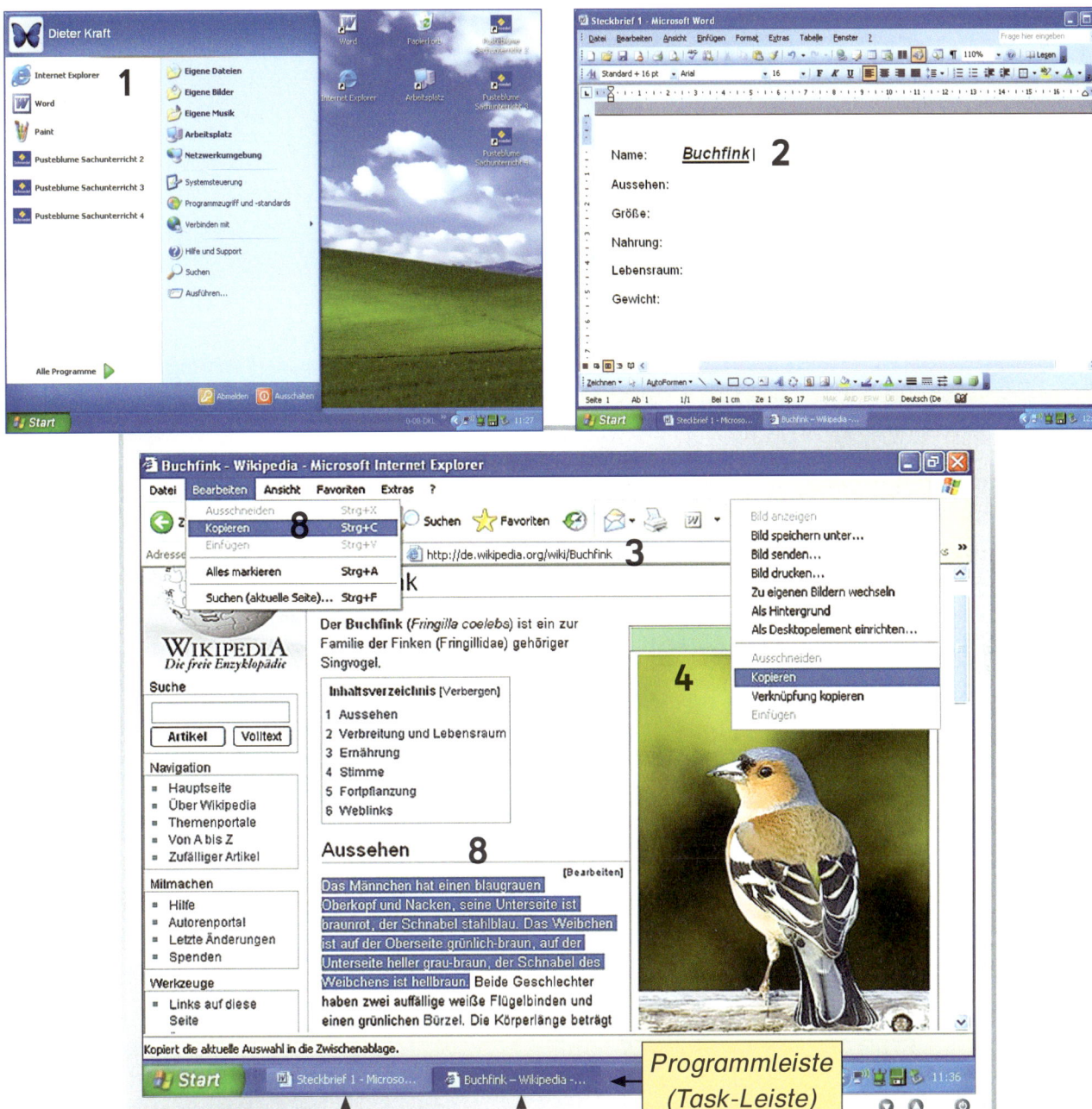

Programmleiste (Task-Leiste)

1 Der Steckbrief über den Buchfinken soll neben Informationen auch ein Bild enthalten. Deswegen wird gleichzeitig mit der Textverarbeitung und dem Internet gearbeitet.
Starte zuerst aus dem Startmenü oder vom Arbeitsplatz aus die Textverarbeitung.

2 Schreibe mit der Textverarbeitung zunächst die Oberbegriffe zum Steckbrief.
Schreibe mit der Schriftart Arial in der Schriftgröße 12. Der Name „Buchfink" erhält die Schriftgröße 16. Klicke dazu auch fett, kursiv und unterstrichen an.

3 Die Informationen zum Steckbrief und das Bild werden aus dem Internet geholt.
Starte aus dem Startmenü zusätzlich das Internet. Öffne die Internetadresse zum Buchfinken aus dem Lexikon „Wikipedia" (siehe Seite 119).

■ Sich im Internet informieren, Seite 120/121
■ Einen Steckbrief gestalten (2), Seite 122

Einen Steckbrief gestalten (2)

Eine Grafik einfügen

4 Klicke mit der rechten Maustaste das Bild an. Wähle dann „Kopieren" aus.

5 Wechsle vom Internet wieder in die Textverarbeitung (Programmleiste).

6 Klicke in der Textverarbeitung auf die Schaltfläche „Einfügen". Die Grafik wird beim blinkenden Cursor eingefügt. Klicke die Grafik an.

7 Die Grafik formatieren

Damit die Grafik frei bewegbar wird und daneben geschrieben werden kann, muss sie formatiert werden.

– Klicke nacheinander an (6 Schritte):
  ① Die Grafik anklicken   ④ Layout
  ② Format   ⑤ Rechteck
  ③ Grafik   ⑥ OK
– Verschiebe die Grafik.

8 Einen Text kopieren und einfügen

Die Informationen werden dem Internet entnommen (siehe Seite 119/120). Gute Texte können direkt kopiert werden.

– Wechsle wieder in das Internet (Nr. 5).
– Markiere den entsprechenden Text.
– Klicke auf „Bearbeiten – Kopieren".
– Wechsle zur Textverarbeitung (Nr. 5).
– Klicke auf das Symbol „Einfügen" (Nr. 6).

9 Den Steckbrief vervollständigen

Im Steckbrief werden die fehlenden Informationen vervollständigt (siehe Seite 119/120). Ergänzungen zum Nest und zum Gelege des Buchfinken können eingeholt und eingefügt werden.

– Vervollständige den Steckbrief.
– Drucke den Steckbrief aus.
– Schreibe zu weiteren Vogelarten Steckbriefe.

■ Einen Steckbrief gestalten (1), Seite 121

Ein Plakat gestalten

1 Für eine Ausstellung von Steckbriefen soll ein Plakat gestaltet werden. Dazu wird die Zeichnen-Leiste der Textverarbeitung benutzt. Aktiviere die Zeichnen-Leiste.

2 Aus dem WordArt-Katalog können besondere Schriften ausgewählt werden.
Klicke das Symbol „WordArt" an. Wähle eine Schrift aus und bearbeite diese.

3 Wechsle ins Internet. Füge eine Grafik ein (siehe auf Seite 121/122 nach).

4 Füge über „Autoformen – Legenden" eine Sprechblase ein.

5 Suche aus dem „Farbtopf" eine Farbe aus. Fülle damit die Sprechblase.

6 Füge Linien, **7** Pfeile und **8** Schatten für Hinweise und zur Gestaltung ein.

9 Probiere weitere Elemente der Zeichnen-Leiste aus. Drucke die Seite aus.

Pusteblume

Das Sachbuch 3
Sachsen

Neubearbeitung

Erarbeitet von
Gerlind Alius, Bautzen
Steffen Lamm, Dresden
Julia Luft, Chemnitz
Regina Weber, Chemnitz
Simona Winkler, Chemnitz
u. a.

Beratung
Anett Gleß, Hohenstein-Ernstthal

Zum Schülerband erscheinen:

Arbeitsheft	Best.-Nr.: 46055
Lösungen + Hinweise	Best.-Nr.: 46059
Kopiervorlagen	Best.-Nr.: 46063
Materialpaket 3 auf DVD	Best.-Nr.: 46067

© 2015 Bildungshaus Schulbuchverlage Westermann Schroedel Diesterweg Schöningh Winklers GmbH, Georg-Westermann-Allee 66, 38104 Braunschweig
www.westermann.de

Druck A^{11} / Jahr 2023
Alle Drucke der Serie A sind im Unterricht parallel verwendbar.

Redaktion: Uwe Tönnies, Dr. Heike Bütow
Kartografie: Dr. Peter Güttler, Berlin
Illustration: Atelier Symbiota, Giesela Fuhrmann, Birgitta Nicolas, Burkhard Kracke, Marion Kreimeyer-Visse, Anke Schäfer, Barbara Schneider
Layout: Visio Kommunikation GmbH, Bielefeld
Umschlag: Künkel – Büro für Gestaltung mit einer Illustration von Bettina Kumpe
Satz und technische Umsetzung: Typo Concept GmbH, Hannover
Druck und Bindung: Westermann Druck Zwickau GmbH, Crimmitschauer Straße 43, 08058 Zwickau

ISBN 978-3-507-46052-2